U0100763

大展好書　好書大展
品嘗好書　冠群可期

大展好書　好書大展
品嘗好書　冠群可期

養生保健 47

太極拳
內功養生心法

附DVD

莊金聰 著

大展出版社有限公司

真理是一個擔子

繼承它的人要把它傳承發揚

謹以此書獻給黃師父豐量先生

以及在武術道路上

曾經協助過指導過我的人

奇妙的圈及球體運動

邁向自衛、技擊、健康、養生之道

太極拳是一項老少咸宜的運動，很多人喜歡它而愛上它，不僅是它能健身養生，而且能防身，現代醫學更證實太極拳是一項有益身心健康，舒緩現代人緊張壓力的一項最好的運動。但是由於易學難精，使許多愛好太極拳的人，因為得不到要領，練不到功夫，而半途而廢，或改學其他武術，實在可惜。古云「工欲善其事，必先利其器」，當然，太極拳不必像學二胡或小提琴、鋼琴要買昂貴的琴才能彈奏出美好動聽的樂曲，只要方法觀念正確，加上勤練，細心領悟，必定會有收穫，就像書法一樣，先學永字八法，基本筆法會了，然後按步就班勤練就能寫出一手好字。

此書把如何**練成太極球體**的方法與心得，知無不言，言無不盡，毫不藏私的寫出來，而其最大的

目的就是要使愛好此道的拳友，能以短時間內體會太極拳的醍醐味來，而引起更大的興趣，對太極拳更加深入的鑽研，而不必走冤枉路，終其一生，未能入太極之門。

因為本書也兼顧養生方面，如果讀者對武術搏擊沒有興趣，那麼就練第三章轉圈的練習，以及太極拳架(可看DVD光碟片)，但如要提升功力，那就要練轉圈、拳架以及第五章互參篇，三者缺一不可。

如果讀者能從此書獲得一些助益，則對筆者來說，就是一項最大的鼓舞與心願了。

公元2012年1月5日 21時40分

目　錄

太極拳
內功養生心法

令人懷念的美濃村舍

第一章　習武歷程

　　從小對武術就很著迷，嚮往武俠小說中人物那種高來高去的功夫及行俠仗義的事蹟，年長後服兵役在軍中有受過一些戰技訓練，如莒拳道，亦即所謂的跆拳道。因為是例行公事，也引不起我認真習武的衝動。及至退伍後，那時李小龍的電影，正風靡一時，全世界對中國功夫產生一股學習的熱潮，這波功夫熱潮再度觸動了我習武的熱情與決心。

　　那時韓國的跆拳道在台灣的總教練盧孝永先生推廣的跆拳道，正方興未艾，如火如荼的進行，我也加入這行列，跟一位韓籍五段教練學習跆拳，練了一段時間。

　　在一個偶然的機會，於高雄壽山公園跟山東王明渠老先生學習八卦掌，真正體會到中國功夫的深奧，

這時就放棄學跆拳,改學八卦掌。

余在交通部南區電信管理局上班時,看見同事打太極拳,那時教太極拳的老師是陳清恭先生,對於練慣剛猛跆拳的我,心想這種軟趴趴的拳能防身嗎?所以也引不起我學習太極拳的興趣。

時間很快,過了四年多才開始想學太極拳,陳清恭是我的第一位太極拳老師,而後於二十幾年的太極拳學習歲月中,到處找人推手切磋武技,只要有高手,總不放過與其較量的機會,同時到處拜師學藝,以1989年,跟河南王尊皋老師學陳氏小架,而後再跟吳梗楠老師學習鄭子太極拳37式,吳老師教拳不分貴賤親疏,非常認真教導,不求名利,真是一位高士啊!一生能有這樣的明師,真是幸運!在吳老師處學習,最大的受益是體會到鬆沉與沾黏。

我的最後一位太極拳明師是黃豐量師父,黃師父的功力深厚,功夫高深莫測,我練了20幾年,近30年的功夫,根本不及師父萬分之一,據師父說,他在年少時,遍訪名師學功夫,是一位道地的武痴。

師父以前是空軍飛行員,在飛行員的職業生涯

中，領悟到了「雙向的圈」「順應大自然不頂」的道理，以及一些從大陸輾轉出來的清宮欽天監裡的一些太極拳理，而練就一身驚人的武功。

在這五年多的學習當中，讓我深深體會到太極拳的深奧。在學習過程中，師父常常叮嚀，以後要將這功夫傳承下去，所以我才於2010年6月11日，在家附近的公園，每個星期五晚上，傳授太極拳。這距離我開始學習太極拳已經隔了三十年！像我這樣練了三十年才敢出來教，也是極少的。只因為太極拳太難了！易學難精，怕誤人子弟！

太極拳雖是小道，但想要練好，登堂入室，也不是件容易的事。有的人練了一輩子，終生不得其門而入，因為**太極拳講求鬆柔，不出拙力**，不像一般的武術，講求力道剛猛，打起拳架，虎虎生風，好不威風。

有很多練太極拳的人，對於這種不用力的拳術，感到迷惑，而信心動搖，改練能增加功力的其他武術，尤其參加推手比賽的選手，為了求勝，兼練別的拳術，來彌補從太極拳中練不到的功夫，甚至練起能

增加手臂力量的舉重，真是五花八門。

這種愈練手臂力量愈大，離太極拳的路就愈遠！這倒不如一開始就練別的武術來得快！所以練太極拳的人，要有正確的觀念，筆者還未練太極拳之前，最喜歡的運動是單槓、雙槓、雙環這些機械操，以及扶地挺身，每天總要練個把小時，扶地挺身五十下。

自從有緣接觸到太極拳之後，就把這些喜歡的運動，束之高閣，拒絕往來了。**不要懷疑，太極拳是一門攻擊力道很強的上乘武功。**

盛開的澄清湖荷花

第二章　寫書動機

　　師父教誨，要把這套功夫傳承、推廣下去。在我教學過程中，發覺必需重複並且不厭其煩的與每位學生說明，一面教拳，一面示範，既費時又費力，效果又不顯著。所以為了教學方便，把師父所教的拳套，「轉圈」以及「互參」方法，拍成DVD光碟，期望讀者能從這本書及光碟中，獲得一些效益，以期能早點體會太極拳的醍糊味來。才斗膽的將自己這三十年來所體會到的太極拳心得，把它寫出來，**這本書著重於「圈」及「互參」的練習，及「球體」的形成。**

　　在本書中別人有寫過的內容就不寫，以免有抄襲之嫌。若有雷同之處，也純屬巧合。由於本人才疏學淺、學藝不精，所以定有許多不是與不足之處，還請太極拳前輩多多指導、指正！是幸。

媽祖的故鄉—福建湄洲島的船集

第三章　圈的練習

　　師父的這套轉圈內功心法，氣感甚強，威力驚人，隨時隨地都可以練，或坐或站都可，非常方便，但站著比坐著效果更好，轉圈時，**把自己的身體當做一個圓柱體來練習**，如圖一兩腳站立，與

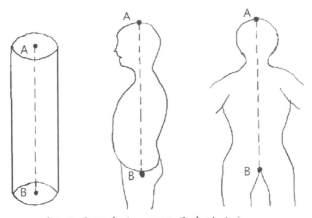

（A點是百會穴，B點是會陰穴）

圖一

肩同寬，腳尖稍微內扣，**兩眼平視或微閉**，舌抵上腭，小腹內縮，前頂心窩膻中穴上方紫宮穴處，如照片一。

照片一

後豎脊樑，然後把身體**從百會穴至會陰穴拉成一線**，分成陰陽兩半，呈現圓柱體的中軸線，如圖三所示。

右手邊是陰，左手邊是陽，肚臍下是陰，肚臍上

為陽，所有的氣歸臍。轉圈時，陰先動，也就是右手
邊先動，呈逆時針旋轉，然後陽再動，也就是左手
邊，呈順時針旋轉，以腰為軸，膝蓋、腰與肩要同時
旋轉。

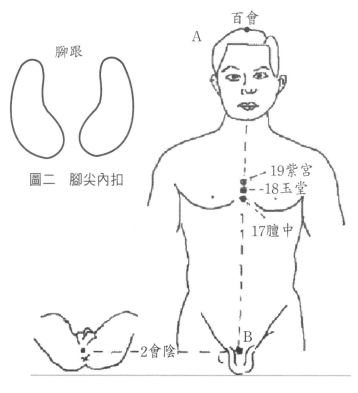

圖二　腳尖內扣

圖三

上下要相隨一致呈一直線，左手邊亦做同樣的動作，頭部不要轉動，否則會頭暈。全身放鬆，不用拙力，兩腳分虛實，右腳三分實，左腳就要七分虛，反之亦然，切忌！不可雙重，這樣身體動起來才靈活，重心全落在腳底湧泉穴，如圖四。

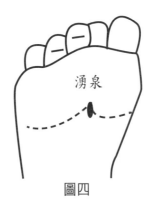

湧泉

圖四

　　在轉圈時兩手抬起，或高或低，沒有限制，因為兩手抬起與肩同高，手會很酸，而且手會用力，所以不特別強調手的姿勢，最好是循著肩膀稍為下垂，如第16頁照片一。

　　也可將手擺在胸前下方，以百會對會陰的中軸線為分界，兩手轉圈不要超越中軸線，右手逆時針方

向轉，左手順時針方向轉，兩個圈都是往內轉，但不
要超過中軸線。如動向圖五。

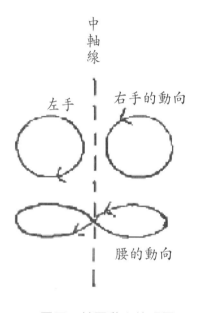

圖五　轉圈動向俯視圖

　轉圈時要注意做到下列幾點要求，以達事半功
倍：

一、 太極運動在腰間

太極拳以腰為軸，**轉圈時，腰帶動肩膀、手肘以及膝蓋**，腰一動，全身皆動，剛開始轉圈時，**要注意腰與肩膀膝蓋，是否同時轉動**，初學者往往腰與肩膀脫節，沒有上下相隨同時動，最好對著鏡子來修正自己的缺點，這是一個便捷的方法，因為肩膀與腰胯沒有上下相隨成一直線轉動時，在往下的互參方式練習時，就會感到有頂且不圓順的現象發生，所以在做轉圈時就要做好。

二、 先求開展，後求緊湊

一般練習太極拳架時，起初招式動作要大一點，其目的是要鬆開身體的關節，使關節靈活而後再縮小緊湊，練轉圈時，同樣的，開始要轉大圈，手的擺動以及腰部轉動大些，一方面是可練習鬆腰落胯，最主要的是可將尾閭撐開，使氣能由會陰進入尾閭而上到百會。

三、腳尖內扣，與肩同寬

兩腳站立與肩同寬是最自然放鬆不出力的站法，而腳尖對齊成一線，稍微向內呈八字形，將全身重量落入腳底湧泉穴。

轉圈時雙手兩個方向不同的圈，往大腿內側轉時，氣會很自然的從腳底湧泉穴上來，如果腳尖外八形，氣會往外擴散，氣就不會往上，而且站的很不自然。

四、舌抵上腭，兩眼平視或微閉

轉圈時，兩隻眼睛不要東張西望，其意就是要專注，不要分心，如果感覺兩眼疲倦，可微閉，而**舌抵上腭，是上腭的齦交穴**，齦交穴是督脈的終點，藉著舌抵上腭這一搭橋動作，來將督脈的氣引至任脈，而**使任督兩脈相通**，齦交穴在唇內上牙齦與上唇之繫帶下緣處。平時也可做兩牙齒的叩齒運動，即上下牙齒輕輕的相碰觸，有生津止渴之功效。

五、前頂心窩，後豎脊樑

只要當過軍人，都知道立正的要求，脊椎一定要拉直，即腰桿挺直，精神才會抖擻，而此時臀部自然會溜臀而下至尾骶骨。注意，**挺腰桿不是翹屁股**，也不是用力，很自然的將脊椎伸直。而含胸拔背，其意也是伸直腰桿，有些練拳者對「含胸拔背」會錯意，練到最後變成了彎腰駝背。而前頂心窩更是我的老師黃師父這套內功心法獨有的練法，別的拳法沒有這項要求，**「前頂心窩」即是將心窩上方紫宮穴處的陽維點突出來**，這點是用來做為兩肩的槓桿支點，以及滾動太極球體來攻擊對方，奇妙無比，這方面在以後的「論氣與勁」的章節中會提到。

以上所提五點做到了之後，就開始進入奇妙的轉圈運動，轉圈時全身放鬆，初練時，手擺動的圈大一點，脊椎中正與地垂直，**雙手放在肚臍或陽維點附近**，進行兩個不同方向的畫圈，以中軸線（百會到會陰的連線）的任何一點作為交界點，但大部分都以肚臍（胎元）為主，因為所有的氣都歸臍，雙手兩個圈

作平面轉動，不要超過中軸線，**兩腳底五個腳趾鬆開**，自然貼地，不要用力。

如果真的能全身放鬆，**心無雜念很專心的去轉那兩個圈**，有的人很快就會感覺氣感，因為每個人體質不同，氣感各有不同，有的人很強烈，有的人的氣感，似有若無，不過，沒有氣感也無所謂，不用急，慢慢來，這個**轉圈運動可練就鬆開腰胯**，對往後的拳架練習幫助甚大。

有的人轉圈時，一點氣的感覺都沒有，就放棄，半途而廢實在可惜，做每件事都要有恆心，何況是深奧的太極拳，一分耕耘一分收穫，這是不變的定律，只要努力一定會有收穫的。我剛練轉圈時，第一個感覺是氣貫百會，走路像坐船似的，搖搖晃晃，且**背部脊椎頸部處的大椎穴有溫熱感**。

平面與立體的圈

剛轉圈時，在我們身體中軸線的兩邊是兩個平面的圈，當這兩個圈轉得很順暢均勻時，這**兩個圈會成一束立體的旋渦**，這時間要多次，這很難下定論，有

的一年，有的二年，有的五年，這要看練的人是否認真用心，以及投入時間的多寡而定。

當圈由平面而成立體漩渦時，**這個漩渦會從肩井往下循著身體兩腿而到腳底湧泉穴，像是要鑽入大地似的入土三分**，這時人與大地成為一體，練到這種程度，在推手中，對方就很難推得動你。

每天都要練習，一次可練一小時，沒有時間則練半小時也可以，**也可利用看電視時站著練，但因為分心效果較差**，當然時間練愈久，功效愈顯著。**轉圈時心無雜念更好**，初期，如前所說的，動作可加大些，以使**尾閭撐開**，並且**腰胯要鬆開圓撐**。全身放鬆，不要出力。

轉圈應注意場所：

選擇空氣好且陰離子多的地方，最好是有樹有水，因為可以淨化空氣，如果能在深山或瀑布附近更好，而且要避免外界干擾，而影響轉圈，忌污濁的空氣場所。

避免下列五項情況：

(1) 剛下過雨的柏油路上，有油氣上升，吸入人

體有礙健康。

(2) 建築工地附近，因為水泥有吸水的特性，不適合練習。

(3) 汽機車往來多的大馬路邊，因為會吸入大量的一氧化碳。

(4) 剛練轉圈後，手不要馬上洗冷水，也不要立即淋浴。

(5) 飯後不要立即轉圈，應休息半小時以上。轉圈時間：最好每日卯時（早晨五點至七點）、午時（中午十一點到一點）、酉時（下午五點到七點）、子時（晚上十一點到一點）。

這些時辰氣最強，尤其是子時，是陰陽交替之際，難怪古人常在半夜起來練拳，打拳架也是如此，也有人於寅時（早晨3點至5點），這時氣走到肺經，中醫所言肺主氣，古人很講究練功時辰，當然練習依自己的生活作息時間而調整，方便即可。

茲將人體十二經絡時辰，氣之走向，敘述於後，讓讀者參考。

子時（23：00至01：00）：膽經

丑時（01：00至03：00）：肝經

寅時（03：00至05：00）：肺經

卯時（05：00至07：00）：大腸經

辰時（07：00至09：00）：胃經

巳時（09：00至11：00）：脾經

午時（11：00至13：00）：心經

未時（13：00至15：00）：小腸經

申時（15：00至17：00）：膀胱經

酉時（17：00至19：00）：腎經

戌時（19：00至21：00）：心包經

亥時（21：00至23：00）：三焦經

第四章 轉圈的功用與效益

　　照以上所說的方法轉圈，可以把自己身上的拙力卸掉，其重心完全落在湧泉，這樣打起拳架比較不會僵硬，又因轉圈時，**膝蓋、腰胯、肩膀同時呈一線**，上下相隨，在推手走化時，就顯得靈活，氣感也很強很明顯。會感覺背部脊髓骨有一股氣**往上升至大椎穴**（第七頸椎下之凹陷處），見**圖六A**，將脊背往上拉，會感覺腹腔與胸腔皆空，甚至雙手與雙腳也呈空狀。一般老年人，因為身體代謝功能減退，身上往往會有一股味道，而這種轉圈運動，會排掉身上的濁氣，等於排除身上的毒素，對有體臭的人，確實可以改善，其他效益更是不勝枚舉。

　　轉圈時，要放鬆身體，**不可出拙力**，要將**尾閭撐開**，久練加上勤練拳套，**氣會從湧泉上至會陰而經尾**

閭過夾脊，上達腦後枕骨玉枕穴到百會下方的泥丸宮，此之為通三關（尾閭、夾脊、腦後枕骨），見圖六B。而通了三關（見鄭子太極拳自修P24），等於入門了太極拳，這對於練太極拳的人來說，是天大的喜訊。

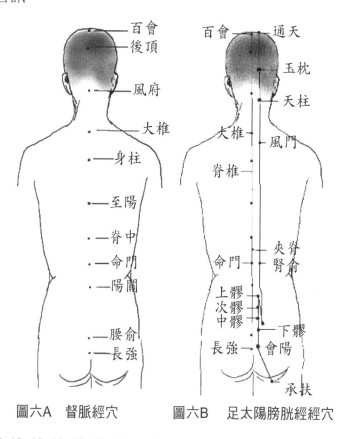

圖六A　督脈經穴　　　圖六B　足太陽膀胱經經穴

一、穴位部位說明

百會在頭頂，從兩耳尖直上，到頭頂的正中間；枕骨在兩耳的後方；玉枕穴位置，尾閭在尾骨末端和肛門之上，長強穴就是在這個位置；夾脊在脊椎督脈兩側0.5寸，脊椎骨第12椎部位。

二、轉圈後的身體現象

(1)氣貫百會：

有人會有暈眩的感覺，走路好像坐船，搖搖晃晃的，此時不必驚慌，**只要把意放在肚臍或會陰穴，氣即會下來。**

(2)脹氣：

剛練時有些人氣會聚集在腹部，聚太多氣時，腹部會脹氣不舒服，這時不要吃有摻發粉的食品，以及豆類，把意放在會陰或肚臍轉圈，可舒緩脹氣的困擾。

(3)暝眩反應：

暝眩是憒亂的樣子，《孟子》說：「若藥不暝眩，厥疾不瘳。」意思就是生病吃藥之後，身體要有反應才會病有起色。

而練習轉圈時，因為氣在身體運行，身體會有變化，有的人常常放屁，有的人會口乾，排便較硬，這時要多喝點水，因為氣盛火旺的關係，每個人反應因體質不同，所呈現的也不同。而且會把過去身體的宿疾引出來，有些人會感覺不舒服。以我為例，年輕時氣管不好，常積痰咳嗽，練過轉圈後，積痰更嚴重，但是練一段時間後，症狀會慢慢改善。

還有以前只要我蹲在地上太久，一站起來就會頭昏眼花，有時天眩地轉似的站不穩，也是練了轉圈之後，這個症狀改善很多，頭暈眼花的情況已不多見，這都是由於氣已暢通的關係。

在中醫的《醫方集解》中的理血之劑，有一處方，當歸補血湯，只有二味藥是黃蓍及當歸，而黃蓍乃補氣之藥，其用量大至一兩重，為當歸的五倍，因

有形之血生於無形之氣，是靠氣驅動而生血，這說明了轉圈使氣暢行，改善我的身體狀況。

又如腰部年輕時因受傷，在初練「**轉圈**」後會復發，續繼練轉圈一段時間後症狀改善很多。

當然太極拳非萬能，**有病還是要找醫生診察，才是正確之道。**

(4) 脊背拉直：

會有一鼓氣從尾閭進入脊椎骨，將脊椎往上下拉直，膨脹開來。

(5) 雙腿透空：

轉圈時，氣會從足心進去往上至膝蓋，然後到會陰，會感覺骨頭裡空空的。

(6) 雙手膨脹透空：

氣進入手臂時，除了感覺手臂中空外，更會感覺兩手臂膨脹開來，兩手好像力大無窮似的。

(7)腹腔中空：

因身體充滿氣感覺腹腔呈中空狀態。

(8)尿量增多：

會陰充滿氣之後，會排出大量的尿，有時會頻尿，這是由於氣至會陰的關係，所以不必驚慌，這是自然的生理反射現象。

(9)氣動觸電感：

周身像電網，感覺全身麻麻酥酥的，有一次我在看電視，突然覺得全身搖晃，我大叫一聲地震，嚇壞了旁邊一同觀賞電視的妻子，這是一個好現象。原來那是氣動。

(10)腳步輕盈：

由於氣落湧泉，走路的時候會有一股氣，從足心將腳板抬起，就像有人從腳底把你往上推。所以走起路來，會很輕盈且不用費力，體會到拳經所說的：

「一舉動周身俱要輕靈」的效果。

(11)手掌脹熱及變細：

這是大部份剛練轉圈的第一個反應，因為氣會貫穿手三陽經及手三陰經，手掌會有脹氣及溫熱的感覺。練久手掌會變細。

(12)精神飽滿、容光煥發：

練轉圈後身體的最大改變就是精神特別好，整天做事不覺得累，體力精神比以前（五年前）好很多，這都是由於轉圈使12經絡暢通，全身瀰漫著氣，這是練轉圈後的最大收穫。

驚濤駭浪下的輪船

第五章　互參裡的乾坤
——鬆的體驗

　　鬆肩、鬆腰、落胯、撐尾閭、落湧泉的最佳互參方式。

　　『道玄之功在於參，時感電路費時難。
　　悟得細胞傳送速，周身電網一了然。』
　　　　　　　　　　　　——清宮欽天監——

　　前面所談轉圈，是一個人單獨練習，而互參方式是二個人練習，二人輪流互推對方，我把它拍成光碟，照著光碟練就可以。如DVD片及照片二。

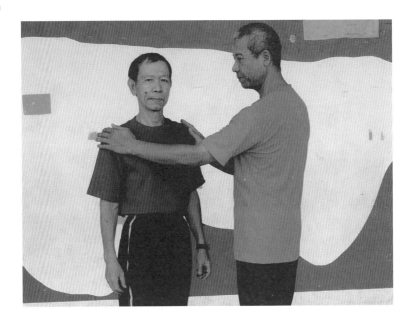

照片圖二A

一、順的哲學

在練互參之前，要先確立「順」的觀念與習慣，所謂順就是任由對方推，對方推你一寸，你就退一寸，對方快，你就跟著快，對方慢，你就跟著慢。順的觀念用在日常生活中，也是受用不盡，尤其是夫妻

相處，常為一些芝麻小事，意見不同而吵架，此時只要順著對方，不去爭執，就會大事化小，小事化無。又如遇到被歹徒挾持，順著對方的指示行事，就相安無事，當時最怕的就是頂撞歹徒。

當順的觀念確立後，兩人互參時，你不頂對方，而後才能**練出沾、黏、貼、隨，體會到沾黏貼隨的醍醐味**。

練互參，其站的方式，如先前所介紹轉圈方式，被推的一方完全放鬆，不丟不頂，重心完全落在腳底湧泉穴，二腳對齊，且與肩同寬，腳尖微內扣呈內八，一虛一實轉換，不可雙重。而推的一方，不用拙力，用腰胯帶動肩膀，由肩而傳至肘，用手來推對方，並以轉圈的方式來推。

這個互參方式，可練就**鬆肩、鬆腰、落胯、撐尾閭**及去掉身上的拙力，而最大的受益是養成不丟不頂的習慣，因為一頂，這個互參方式就很難達成，在我教學中，只要初次互參，不管對方多重，如果會頂，只要輕輕的一推，對方就會站不穩，而往後退，頂的愈厲害退的愈遠，不要小看這互參，這裡面大有乾

坤，練久了，會有身輕體重，及其根在腳的效果出來。因為**身上所有的拙力完全卸掉而落入腳底湧泉，勁自然會從腳底湧泉穴上來**（詳閱蔡肇祺先生著《我所認識的太極拳》第29頁），而練就一身好功夫。

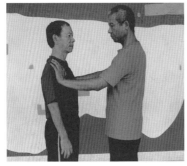

照片圖二B

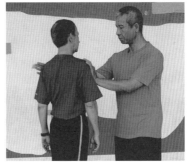

照片圖二C

二、找尋對方的空隙

在互參當中，要找尋對方的空隙，然後填補其空隙，所以在互參中，就要沾黏住對方，不丟不離，不讓對方有空隙可乘。

所謂空隙就表示沒有沾黏，沒有沾黏就是犯了「丟」的毛病，一丟，對方就會跟進來，造成自己的

背勢與壓迫感，用在推手當中，就是所謂的打虛不打實，因為打實就必需用較大的勁道來推對方，這不合乎太極拳理，因為太極拳就是要用最小的力量，獲取到最大的效果，在平時互參時，就要隨時注意這些小細節。

三、腳尖對齊，鬆沉貼地

在**互參**時，有時對方力道過大，會一腳往後退，兩腿呈前後站立，此時**應移動另一腳，恢復原來兩腳對齊的姿勢**，這一點非常重要，因為當兩腳，一在前一在後時，大部份的人會用後腳撐，以使自己不往後退，這時腳就會用力。

所以剛練習互參時，這個動作一定要改過來，撐不住對方的力道而往後退，並不丟臉，不要為了面子而用後腳硬撐，這樣是練不成鬆沉的勁，所以練太極拳，先要捨棄愛面子以及好勝的個性。

四、身體中正，不要前傾

這是在互參時最常犯的毛病，因為初學者身體未

鬆，重心無法落入腳底湧泉，所以身體會前傾，用本身的重量讓對方推，這個習慣如果不改，在推手時就會吃大虧，會被對方或擺或採，仆倒在地，這時可告知對方力道不要太大，等練一段時間後，再慢慢增加推的力道。

五、上下相隨，呈一直線

有些人在互參時，並沒有頂對方，但是在互參推時，總會感覺不順暢，好像身體被卡住似的，怪怪的感覺，這是我在教學常遇見的現象，最主要的原因，就是沒有**上下相隨呈一直線**，而**最大的關鍵就是出在腰上**，當肩膀被推時，腰沒有跟著肩膀同時動，或者腰部轉動得太小、太大、太快或太慢，這樣的動作會上下脫節不一致。**腰部的轉動非常重要，腰胯要鬆、要空**，所以我才會在第二章寫太極運動在腰間，其精髓所在。

六、互參的效應

從互參中，獲取太極拳的效益，如下：

(1)其根在腳：

因為互參時，全身放鬆，重量都放在腳底湧泉穴，久而久之，腳底自然生根，腳底有根在推手時，才能把對方的力量化掉。沒有根，對方一推，就會往後倒。根本走化不了。所以走化的第一要素，就是腳底要先有根。

(2)身輕體重：

練成了其根在腳時，自然會身輕體重，在推手時，就會很輕鬆，對方推你時會感覺很重很難推，這是練對了太極拳。氣斂入骨，也是鬆沉到湧泉所產生的效果。

(3)不丟不頂：

互參可練成不丟不頂的功夫，練互參可以強迫你不丟不頂，因為一頂，互參方式就無法達成，所以互參練習是進入不丟不頂的捷徑，練成了不丟不頂，才能沾黏貼隨。

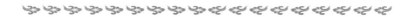

(4)沾黏貼隨：

在互參時，用身體去接觸對方的手，沾住黏住對方的手，順著對方的力道，久之自然會體驗出沾黏貼隨的效果出來。

(5)出神入化：

道家藉靜坐修練，練成所謂的「練精化氣，練氣化神，練神還虛」，而進入出神入化的境地。黃師父的這套太極內功心法，可藉著轉圈、互參，以及勤練拳架而到達「入化出神」的境界。

所謂入化，是指自然界萬物生成變化之力，其技藝能與自然萬物同工則謂之入化境，一般技藝的境界有四，稚境、工境、神境、化境，而以化境最高，此心法在演練的過程中，跟大自然界的一些變化現象吻合，且身體的氣感隨著大自然的變化而變，如在氣場強的地方，其身體的氣感就會強，反之則弱。

所謂氣場強就是指陰離子多，而陰離子多的地方都是在深山裏，難怪一些修道者都往深山裏修行，台

灣真是寶島，有山有水，山上景色不但美麗，空氣又好，如南台灣的籐枝有小溪頭之稱，阿里山特富野古道等等不勝枚舉，到這些氣場強的地方，你會發現身體的圈，不必自己去轉，它會自動的氣旋轉動，就是這麼神奇。

而入化出神最明顯的就是在互參中，當對方推你時，你會覺得對方的力量，會藉由自己身體而傳入腳底湧泉而入了大地化大地於無形，而在這同時會由湧泉有一股力量往上而還給對方，而這股力量是借大自然的力量，有如神力般的而不是本身的力量。是先化了對方給你的力道而後再產生一股力量還給對方，所以才說入化出神。

這是把道家所說的入化出神印證在太極拳上，證實入化出神這句話所言不虛，是真實的。

(6) 入化出神：

在此所談的入化出神，是指運用在太極拳的應敵上，以太極拳的體用兼備來說，體是指練對了太極拳，全身瀰漫著一股可用的氣及剛體，自然能應用於

搏擊上，只要對方一碰觸到自已的身體，自然會把對方的力道走化，而從湧泉上來一股力量，這力量不是本身所出的力道，而是猶如神力般的天地之氣的力道，此之謂「入化出神」，而不是指道家靜坐所出現的入化出神之境況。

有石膏像的靜物

第六章　拳架的要領

　　練習了上面所談的轉圈及互參模式之後，因為已經有了落湧泉及其根在腳的一些基礎，就可以進入練拳架的階段了，這時你會發覺，**打起拳架來，會比較鬆，氣感會隨著拳架而游走**，尤其是以前有打過拳架的，感覺會更不一樣。

　　我建議，每天一早起床，第一件事，就是打拳架，這樣比較容易獲得『鬆』的效果。因為一早開始，我們還未使用拙力的緣故。

　　我打的這套拳架是師父傳授給我的，所謂『老式拳架』，之前我打過陳氏小架及鄭曼青37式，我發覺師父這套拳架，更能獲取到鬆的效果及強烈的氣感，因為開始的招式虛無、無極、太極、開宗明義，就說明了打拳架之前，先要**身體放鬆**，全無雜念，到達虛

無的境界，目前我每天必打這套拳架，五年來從未間斷過，我把師父所教的這套拳架拍成光碟，讀者可以看光碟練習。

最大的用意是傳達一個觀念，就是**拳套不是打得慢才是太極拳，太極拳也可以打得很快**，虎虎生風，不然在實際的應敵中，以這麼慢的速度，只有挨打的份，所以拳架練熟了之後，可以打快一點，不要一成不變，因為拳架是活的，而實戰也是活的，千變萬化，這樣打拳架才不會落入滯的框架而失了太極拳的原味。

一般練拳，都知道全身要放鬆，手不要出力，但是很少人想到腳也不要出力，這樣講起來好像很奇怪很矛盾，我們每天不是都在走路嗎？因為我們走路都很鬆，不出拙力，所以才沒感到腳僵硬、酸痛。

如果人走路兩腳僵直用力，硬梆梆，我想大概走沒多遠，兩腳就會受不了，事情的癥結就在這裡，如果一個初學者，所打的拳架，其上下起伏，動作過大，因為是初學者，身體當然不鬆，且腳的支撐力道也不夠，這時腳就會出力。

　　以鄭子37式來說，裡面的招式如金雞獨立，左右分腳，轉身蹬腳，轉身擺蓮……等。都是一腳負擔全身的重量，初學及體弱的人，一定會出力，才能做到。這時因為用力所以身體會僵硬，打起拳架就不順暢，較難獲取『鬆』的效果。

　　黃師父的這套拳架，可貴之處，就是不用出拙力就能打完拳套，就連金雞獨立，也僅僅是踮起腳尖而已，而且**拳架是在『圈』的方式中完成，所以更能體會到太極拳球體的感覺**，所以能獲得到鬆的效果，其理在此，等練一段時間後，一年或兩年後，再來練習鄭子37式，或楊家，或陳氏小架。

　　我是打陳氏小架過來的人，因為當時求好心切，所以架式都打的很低，而本身又不鬆，以為這樣比較能早點得到功力，結果效果剛好相反。這裡僵硬，那裡僵硬，全身處處用力僵硬，也就是全身不鬆，全身處處是抗點，在這裡把它提出來，以供拳友參考。

一、鬆的層次

　　前面談到「鬆」，我覺得鬆的層次可分為兩個層

太極拳
內功養生心法

面來說：

第一、 肢體上的鬆

肢體上的鬆可由兩人互參以及勤打拳架，鬆開腳底、腳踝、膝蓋、腰、胯、肩膀、手肘、手臂以及手腕九大關節，都要鬆開。

第二、精神層面的鬆

不是一味的在肢體上放鬆，而是要心、神、意識上通通放鬆，絲毫不能有一絲雜念，達到虛無的境界。這個層面很難，但是我們要朝這個目標努力，功力才會大進。

練習太極拳架要注意收尾閭，把身體當做一個球體或圓柱體來練習，百會穴對會陰穴呈一直線，所謂的圓柱體的中軸線，就是感覺身體就像被分成一半的兩個陰陽屏風，因為是百會對會陰呈一直線，自然打拳就會收尾閭而頂頭懸。脊椎要中正與地面成垂直，脊椎轉動不可歪扭，腰胯帶動全身，使其一動，無有不動，檢查腰胯、膝蓋、腳踝、肩膀是否同時轉動，

達到拳經所說的「**尾閭中正神貫頂**」，舌尖頂上腭，**於承漿穴**，作為搭橋相接，以利任督兩脈相通，時時刻刻檢示自己，**腰胯是否鬆開，圓活轉動**，肩膀、膝蓋是否用力，是否**重心落在湧泉**，這些都是自己要做到的，別人不能替代你做，也無法幫助你，就連你的老師也只能在旁糾正提醒你，一切都靠自己。

還有練拳時，要心無雜念，專心致一，不要胡思亂想，也不要想招式如何來應敵，確確實實地把招式打好，不要含糊帶過，平時更要把太極拳理導入生活中，也就是太極生活化，生活太極化，就是**在日常生活中，捨棄使用拙力的習慣**。打太極拳最大的目的，是要藉著拳架的招式，使身體鬆透，而**使氣能落入湧泉穴而後再上會陰，經尾閭、夾脊、後腦枕骨通三關，上百會穴，而與任脈相通**，這在道家稱為「河車倒逆」。為了要撐開尾閭，所以在打拳架之餘，要**多打倒攆猴**（詳閱蔡肇祺先生著《我所認識的太極拳》第136頁）**及穿掌兩式，尤其是穿掌一式**。

如照片圖3－1至3－6倒攆猴，照片圖4－1至4－6為穿掌。

照片圖3-1

照片圖3-2

照片圖3-3

照片圖3-4

照片圖3－5　　　　　　照片圖3－6

照片圖4－1、4－2

照片圖4-3、4-4

照片圖4-5、4-6

　　打倒攆猴時要兩腳平行，鼻尖對肚臍，鼻尖轉到那裡，肚臍就跟著轉到那裡（詳閱蔡肇祺先生著《我所認識的太極拳》），讓氣從尾閭往上經夾脊枕骨而後到百會。而穿掌一式特別要注意的是當腳抬起時，要轉圈而後移至前腳，剛好是回到原點，完成一個圈，而腳尖是內扣呈內八，腳不要用力，像平常走路一樣就好，手由下抬起是要將湧泉的氣拉至膝蓋，到達會陰，而後停留在肚臍下丹田處就可以了。

　　如果是用在應敵對招中，才把氣直接拉到手掌心**勞宮穴**。太極拳的偉大之處，就在於他所練的東西，

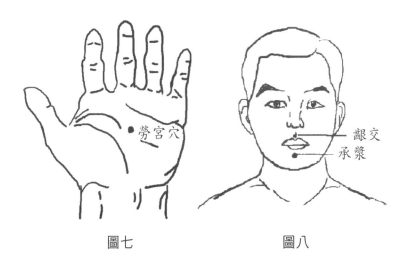

圖七　　　　　　　　圖八

不僅僅是肢體的鍛鍊，更在練看不到的內在東西。所以要知道一些穴道及其部位的位置，如**湧泉、會陰、尾閭、夾脊、大椎、腦後枕骨、百會、齦交及手掌心勞宮穴**。

『手把青秧插滿田，低頭便是水中天。
　身心清淨方為道，退步原來即向前。』

這句禪語用在太極拳架上，也是滿適合的。在打太極拳架時，本來身上瀰漫著一股氣，但有時會覺得身上連一點氣都沒有，這時會有很多人覺得是不是越練越退步？

不要猶豫，繼續練就沒錯。況且拳經也說過，全身意在精神不在氣。在氣則滯，有氣則無力，無氣則純剛，練到最後，就不要管身上是否有氣，要感覺是有若無，這才是最佳狀況。

二、練拳三年不如真傳一言

吾師的這套轉圈內功心法裡面有很多訣竅、竅

門，有時用文字很難表達出來，就是以文字敘述，也不能很詳細的說出他的精髓，所以才要有老師指點教導，所有的武術，自古至今都是要有人教，才能得其武術精髓，所謂傳承是也，不可能憑藉著先人留下來的拳譜，而練就成驚人的武功，而所謂的拳經或拳譜所留下來是其結果，非練成相當程度的人是不易了解的。

如果照文字的詞意來解釋，相差甚遠，武俠小說裡爭奪武林祕笈的人物，都是一些練成上乘武功的人，再經過武林祕笈的點破，使自已的功夫更上層樓成為武林至尊，此為題外話。言歸正傳，習武就是要有老師在旁仔細指導改正，才能練出好功夫，也印證了上面所寫的，練拳三年，不如老師真傳一言。

三、不倒翁的原理

我想每個人都有這個經驗，你推向不倒翁玩具，他往後仰，隨即反彈上來，這就是我童年的回憶，當時覺得很好玩，也很好奇，這跟太極拳的「其根在腳」相類似，我們在轉圈、互參，以及打拳架時，其

重心都落在湧泉，全身放鬆，從頭鬆到腳底，久而久之，就會練成身輕體重的功力，你的腳底就像入土三分，跟大地溶為一體，可任憑對方推而不倒。

四、陸地游泳

鄭子太極拳自修心法裡有談到陸地游泳一詞，當時看了之後，如一頭霧水，心想打拳架，怎麼會跟游泳扯上關係呢，原來這都是氣的關係，當你練到全身瀰漫著氣時，你就會感覺到，打拳架就像在游泳一樣。我們游泳用手划水時，因水有阻力會覺得手很吃力，同理，我們四周的空氣對大面積的移動，也會有阻力，而氣有牽引拉扯的力量，就像游泳時水的阻力一樣，尤其在打拳架時，有按的招式時，更加明顯，打拳架時會有這種感覺是好現象，可喜可賀。

五、鬆的身體反應

我們在練轉圈、互參以及勤練拳架，日積月累下來，身體的關節、肩關節、手肘、膝蓋、腳踝等會慢慢的鬆開，甚至穴道也會打開，最明顯的穴道如肩

井、勞宮、大椎、太衝、環跳、會陰、湧泉等穴道或多或少都會有漩渦的圈浮現，好像在做穴道按摩，等同針灸一樣，很舒服，但是身體的大關節如肩膀、手肘、腰胯等，鬆開時，身體骨頭會很懶散，懶洋洋的無精打彩，什麼事都不想做。這種現象會持續兩三天。

遇到這種情形，對於練武的人來說是一件喜事，值得高興，因為你又向鬆的境界邁向前一步了（見蔡肇祺先生所著《我所認識的太極拳P72》）。

六、以靈領氣，以氣導形

拳架的練習，最後要練到以靈領氣，何謂靈呢？這個靈字如何解釋，讓人有迷惑的感覺，在此我把它解釋為一種靈性、意念、意識，一種感覺、自覺，可以說是心的層次。

在十三勢行功心解中，寫「**心為令，氣為旗，腰為纛**」，心為最高指揮中心，在此發號施令，而氣為旗幟，腰為纛，古時軍隊前面有一大旗叫纛，大旗往那裡走，軍隊就跟著往那裡走；而在此以腰為主軸，腰

轉那個方向，身體便跟著轉那個方向，腰一動，全身皆動。而一切皆受心的指令，練太極拳不只是練四肢百骸的活動，更要能做到以靈領氣，以氣導形的境界。

七、打拳架注意事項

(1) 身穿寬鬆的褲子及衣服，有助氣的流通，忌穿又緊又窄的褲子。

(2) 脊椎中正與地面呈垂直，脊椎轉動不可亂扭轉動，腰跨轉動帶動全身，使其一動，無所不動。

(3) 不要在密閉的空間練拳，要在空氣流通的地方練。

(4) 要穿平底功夫鞋或布鞋，古人練拳是穿布底鞋，他的優點是湧泉穴有貼地的感覺，不要穿有後腳跟的硬底鞋。

第七章　論推手

　　推手是太極拳中，很特殊增進武術的訓練方法，它只是太極拳的一小部份，有些人認為打太極拳沒有練推手，是練不出好功夫來，而忽視拳架的練習，這是錯誤想法；如果讓我重新練太極拳，**在拳架沒有築基前，我是不會去練推手的。**

　　因為太極拳的功夫，是從拳架中獲取的，因此才有「拳中求」之說；忽視拳架，想要從推手中得到功夫，是本末倒置，緣木求魚。試想，本身無勁可發，那用什麼去跟人家推手呢？那當然是用蠻力，這比用拙力還要嚴重，這豈不是跟太極拳拳理背道而馳，與太極拳愈離愈遠。

　　二十幾年的推手歲月，雖然是累積了不少推手經驗，但是卻也犯下了使用拙力的習慣，所以這五年

來，我是極少跟人推手，**只練轉圈、互參及拳架的練習**，雖然年歲漸長，而發覺到功夫並沒有因為年紀大而退步，反而比以前更進入佳境，更能體會到太極拳的鬆沉。

練推手之前，可以先練二人搭手單推，如下圖所示，此在練習腰跨的靈活轉動，檢視自己腰跨肩膀膝蓋是否上下相隨一致。等練熟之後再來練**定步掤、攦、按、擠四式雙推**。

練習掤、攦、按、擠四式雙推，是要練習如何使

用掤攦按擠外，還要練**聽勁**、**沾黏勁**以及**走化**，等練習之後再進入**動步掤、攦、按、擠方式練習**。所謂動步掤、攦、按、擠就是有前進後退的步法，一般的定步雙推，往往練的期間太長，我的感覺是一二個月熟習之後就可進入動步雙推，否則會練死，因為你在跟人推手時，不可能站著不動，任人挨打，步法移動，甚至跳躍，這些在武術競技裡，都是用得到，且是必需。

　　下列照片圖示即是單推練習。

1

2

3

4

5

6

7　　　　　　　　　　8

下列照片圖示，是雙人定步掤、攦、按、擠四式雙推。

(1)

右方人物：掤

左方人物：按

(2)

右方人物：攦

左方人物：擠

(3)

右方人物：按

左方人物：掤

(4)

右方人物：擠

左方人物：搌

(5)

右方人物：按

左方人物：掤

(6)

右方人物：擠

左方人物：攦

(7)

右方人物：掤

左方人物：按

(8)

右方人物：攦

左方人物：擠

　　推手是拳架的延伸，打太極拳有多鬆，推手就要有多鬆，一般人打拳架，都力求鬆透，但一推起手來，就兩手使力硬梆梆的，全身僵硬，只想贏對方，把太極拳的拳理——**鬆沉、不丟不頂，沾黏貼隨**，忘的一乾二淨，如果這種推手方式不改，那是一輩子無法入門太極。

　　茲將我從實際的推手中所得的一些經驗及淺見，分別敘述於後，以供拳友及太極拳前輩做為參考：

一、舉手先動步

　　一般與人交手時，在出手之前，應先移動腳步，不管是大步移動或是一小碎步，這是要改變一般人用力的習慣，因為先移動腳步，就會帶動腰部先動，然後依次肩、肘、腕、手指等，且由腳底湧泉貫穿上來，可保持身體的中正，如果用手推出去，腳步沒有跟進，身體就會向前傾，使自己身體失去中正，重心不穩失去平衡，而處於背勢狀態。

　　有經驗的高手在平常的掤、搋、按、擠推手練習中，常會有先動步的動作，因為細微移動一小碎步，

對方不易察覺，這樣在接下來的按擠的招式中，你就控制了主導權，而搶得先機，這是舉手先動步的好處。

二、沾黏貼隨

與人推手，一搭手就要黏住對方。在練成沾黏貼隨之前，要先練成不丟不頂，否則，那種沾黏是不成立的，試想會丟會頂，那你怎麼去沾黏對方呢，所以一搭手就要黏住對方。

沾黏貼隨中要有陰陽，最忌一搭手就出盡拙力，橫衝直撞，筆者二十幾年前，第一次參加台北國際推手比賽，就是犯過這個毛病，現在想起來就覺得好笑。那不是推手，簡直跟鬥牛一樣，完全失去拳經所說的，一舉動周身俱要輕靈，及沾黏貼隨的要意。

在沾黏中控制對方，破壞對方的身體重心，找出對方的抗點，推手老到的人，一搭手便知對方的抗點與重心，這就是所謂的「一搭手，便知有沒有」。再來就是黏住對方時，就順著對方，他東你就跟著東，他西你就跟著西，他退後一吋，你就跟著進一吋，腳

踝、腰胯、肩膀要上下一致，不可身形散亂。沾黏時，手不要出拙力，要輕靈，不要讓對方聽出你手的力道來，聽勁就是在沾黏貼隨中練出來的。

三、逢丟必跟

和人交手時，當雙方手搭在一起時，要攻擊對方時，不可離手攻擊，這是犯了「丟」的毛病，這是很危險的事，假如對方要攻擊你，他就可利用你離手丟的時候，瞬間的攻擊。

我曾看過大陸陳小旺先生，跟台灣的一位高手對招的光碟片，台灣這位高手，就是離手攻擊對方，所幸當時陳小旺先生很客氣，沒有攻擊，否則後果不堪設想。

四、逢頂必打

推手要養成不丟不頂的習慣，你不頂，對方就沒有攻擊的機會，也沒有借力使力的機會，而且你頂，你身上的抗點就立即出現在對方的手上，這只有挨打的份。這說來容易，做起來很難，因為十個有九個會

頂，所以要時時提醒自己。

五、搶佔中線

與對方推手時，打對方的中線，即百會對會陰的身體中線，因為對方最難走化。筆者在十幾年前，在一個偶然的機會，跟一位形意拳的高手對招，因為對方體型高大，幾乎高出我一個頭，他專門打我中線，我始終化不開對方的攻擊，現在回想起來，才了解其中的涵意，也因為當時身體不鬆，來不及走化，而只有挨打的份。

遇到此種形況，只要鬆腰、落胯、轉圈，身體呈一個球體，三個動作同時，而借力使力，這個攻擊力道，就會很輕鬆的還給對方。

六、有空就鑽

與人推手時，雖然雙方搭手，沾黏互聽對方來勁，但是不管對方防守多麼嚴密，總是有空隙的地方，一有空隙就可以填補並長驅直入，如果沒有空隙，就要引出對方的空隙，加以攻擊。但也要注意，

有些高手，故意露出破綻，引入落空，讓你上當。

七、球體化打

要多練前面所說的轉圈以及互參，圓圈在太極拳中，妙用無窮，在推手走化之中，因為身體是一個圓球體，所以不受外力，對方永遠推到圓球體的切線。當對方推來時，只要將自己的身體撐為圓球體，將重心由前腳移到後腳，就可將對方力量化開，而另一方即變為打。此即所謂的化打。

八、借力使力

太極拳所說的借力使力，乃是太極拳在對打中所使用的一種技巧，所以太極拳才要輕靈，放棄拙力，不主動攻擊，因為對一個太極拳高手來說，只要你出點拙力，對方就會利用你所出的拙力，而引地之氣與吞天之氣，加倍的還給你，出的力量愈大，反彈的力量就愈大。就像一個充滿氣的球體，膨脹滾動出來，那種威力是相當驚人的，也驗證了拳經所云「一舉動周身俱要輕靈」的可貴處。

九、以靜制動

祝大彤先生，在所著《太極內功解祕》一書中有提到推手三不動，所言甚佳，謂①不要有動意，②不主動，③不妄動。在實戰推手技擊中，最忌先動，先動者先吃虧。因為在高手對招中，只要一動意，便會被對方查覺，更何況是主動、妄動攻擊，因為你身上所有的缺陷，都會呈現在對手面前，況且拳經所說，本是「捨己從人」而你卻「捨近求遠」，對方是「知己知彼」「後發先至」而你卻主動妄動甚至蠻動，當然其結果是對方「百戰百勝」，而你只有嚐到屢戰屢敗的滋味。

十、蓄勁待發

與不相識的人推手時，最好是蓄勁待發，因為有些習武之人武德不好，且江湖之人，形形色色，五花八門，有的會偷襲，甚至耍陰招，明明講好點到為止，但是一上手就來真的，好像遇到仇人般，恨不得置你於死，或一招斃命。我就吃過這個虧，那是十幾

年前的往事了，那場推手結束之後，我側過身欲離開現場，哪知道對方冷不防地出手偷襲，因為當時自己武藝不精，也沒想到對方會來這一招，胸部結結實實的挨了一掌，痛徹心肺，從此以後，跟人推手，我就會特別的留意。

所謂的蓄勁待發，就是將氣遍佈全身，形成身體外圍的一層保護膜，其方法是收尾閭，將氣從腳底的湧泉穴拉上來，與會陰處結合後，氣自然會經尾閭上夾脊，到達大椎穴，經肩膀而至兩手心的勞宮穴至中指中衝穴而出，這些都要能練到太極球體完成，才可能做到。

十一、無勝有

我們常常聽到的一句話「此時無聲勝有聲」這是用在情侶相處在一起的悄悄話。用在推手也是滿受用的，就是無勝有，最先就是要從順著手，順著對方，不要去頂對方，然後慢慢進入空無的境界，這不是三載五年的功夫，也不是一般人能做到的。但是，我們要朝這個目標邁進。

　　記得有一次，跟一位縱鶴拳的高手老師對招，對方伸出那有如鐵般的右手掌，打在我的手臂上，我直覺的反應就是順著他，輕輕的黏住他，讓他有力使不上，這就是發揮無的效用。這使我想起，師父常掛在嘴邊的一句話「無勝有，無輸就是贏」，哈哈一笑，彼此不傷和氣，也保持了雙方的顏面，讓彼此有台階可下，皆大歡喜。

十二、練武先練心

　　記得以前看連續劇包青天，劇中港星何家勁所飾演的展昭說過一句話：「俠義在心，不在武。」的確是的，練武的人要具備武德，這一點很重要，黃師父就具備這種特質，師父心地善良，宅心仁厚，非常仁慈，幾年前跟師父去台中推廣太極拳時，於現場示範推手時，對方身體壯碩，孔武有力，頻頻對師父施加壓力，師父不但沒有反擊反而處處保護對方的安全，從這一點可以看出師父武德甚佳。

　　對照現在習武之人，與人交手時，好像有深仇大恨，出手極重，真有天壤之別，一般習武者，好勝心

都很強，鬥狠逞兇，這種個性不改，將來一定會吃大虧，倒大楣。因為強中自有強中手，一山總比一山高，天外有天，人外有人，以上是談到推手時順便把武德提出來，以顯現其重要性。

以上所寫，只是**推手中應注意的地方**，當然在推手的過程中，瞬息萬變的，唯有臨危不亂，臨機應變，最後還是要提醒讀者，在拳架沒有築基之前，不要去練推手，如果真要推手，那我還是要建議，在推手中學吃虧。

鄭曼青宗師說：「吃虧就是佔便宜。」不要推對方，只讓對方推的方式來進行，因為功夫是在被推的當中，慢慢累積出來的。還有練推手時，不要有想贏對方的心態，否則會越練拙力越大，適得其反，得到反效果。

般若波羅蜜多心經

觀自在菩薩行深

般若波羅蜜多時

照見五蘊皆空度

一切苦厄舍利子

色不異空空不異

色色即是空空即

是色受想行識亦

復如是舍利子是

諸法空相不生不

第八章　論氣與勁

『發勁要在圓中量，槓桿作用內中藏，
　仔細審慎勿放過，旋肘振腕似電光。』
　　　　　　　——清宮—欽天監——

　　一語道出了太極拳的博大精深，當身上的兩個圈，一陰一陽不同方向的轉動時，慢慢的這兩個圈，會產生拉力，互相牽引，而重疊在一起，此時百會與會陰剛好連成一線，而將身體分為一半，而此時的圈會進入圓的中心點，就像龍捲風旋轉一般，豎成一束。也像拔起水池中的栓子時，水流彙成一束，往下流，這就是圓中量。而後再分開兩個圈，以身體前面紫宮穴的上方突出點陽維點，做為槓桿支點。而左右肩膀就變成蹺蹺板的兩端。只要一端輕輕的一動，對

方一端就會產生很大的力道出來。這樣就是用很輕的力量達到最好的效果。

勁的由來,在前面已說過,就是全身的拙力放鬆卸掉,落入湧泉,勁自然會從湧泉上來,轉圈、互參以及勤練拳架,假以時日,必有收穫。

要練成有勁可發,就要先練成本身有氣可用,中國人論氣有千年之久,而在中醫學的理論中,常把精、氣、神三者融為一體來談論,認為精、氣、神三者是生命現象的產生及其變化的根本,這三者是不可分離的。

在拳經十三勢行功心解,有寫「**以心行氣,務令沉著,乃能收斂入骨,以氣運身務令順遂,乃能便利從心,精神能提得起,則無遲重之虞,所謂頂頭懸也,意氣須換得靈,乃有圓活之趣,所謂轉變虛實也,發勁須沉著鬆淨,又云內固精神,外示安逸。**」

凡此都與精、氣、神有互相關連性,在此我們無意把中醫的理論引到太極拳上,而使太極拳更加複雜,只不過有談到氣這一部份,而又由於練太極拳使得我們身體瀰漫著氣,而這氣又確實能改善我們身體

的健康狀況，所以才把氣這東西提出來討論。又**因為轉圈及勤練拳架會打通身體任督兩脈，及氣行十二經脈、奇經八脈，**所以順便把圖列印於附錄以供讀者對照參考。

那麼，什麼是氣？在中醫學中「氣」字的運用太廣泛，可依其存在的部位及功能性質的不同，而有許多名詞，如用於四時的變化稱「天氣」，對某些致病的稱為「邪氣」，又人體內在的抗病機能稱「正氣」，由於氣的體驗是多方面的，總括起來**不外乎原氣、宗氣、營氣和衛氣。**

茲引用吳國定編著《內經解剖生理學》的精、氣、神三者的關連性，以表格敘述如下：

精	1.先天：原始物質基礎，胚胎，來自父母。	
	2.後天：營養物質，水，五穀雜糧，肉類。	
氣	1.真氣	原氣：細胞之生命力(先天之氣)。
		宗氣：氧氣，食物(後天之氣)。
	2.物質：天食人五氣(臊、焦、香、腥、腐)。	
	3.熱能：養五臟之氣(心、肝、脾、肺、腎)。	
	4.現象：生理與病理(氣虛、氣緩、氣少、氣逆等)。	

| 神 | 1.精神思維：心藏神、肺藏魄。 |
| | 2.生理和病理：得神則昌，失神則亡。 |

　　總之，精氣神的論點，說明人身的陰陽生化關係，而這三者的結合即是，物質基礎是精；功能、熱能、動力是氣；感應現象之主導是神。

　　精氣神三者反映在中醫學的生理方面，以及對身體的重要性，古人稱：精、氣、神為人身三寶，是有其意義的。

　　文天祥所著《正氣歌》首句就寫，「天地有正氣」，可見氣小至於在我們體內，大至於充塞於天地之間，至大至剛，氣這個物質，我們看不到，但是他存在於我們的四周，孟子曰：「吾善養吾浩然之氣」，又云「氣宜直養而無害」。

　　由於現在科技的發達，**用特殊的攝影機，可以拍到人身的氣場，一些武功高強的人，其顯現的氣場特別強**，證明氣這個物質並不是玄奧虛構的，而是有科學根據的。正因因為如此，太極拳本身就是一種養氣的運動，拳譜上說：「先求開展，後求緊湊，乃可臻於縝密也。」開展就是要透過拳架的練習，將我們身

上的各個關節鬆開、貫穿，因為太極拳動作比其他運動緩慢（如乒乓球、羽毛球、網球……等等）速度均勻，且要全身放鬆，不出拙力，所以沒有其他運動如此耗費體力與傷害。

尤其是像一些時下流行的運動，如：橄欖球、足球，講求速度衝撞等，運動量太大，一場比賽下來，氣喘如牛，傷氣又耗氣，不適合中老年人，也不合乎養生的要求，所以太極拳真是中華民族一種獨特的武術文化藝術。

一、勁的種類與層次

勁的種類繁多，如掤、攦、擠、按、採、捌、肘、靠、長勁、短勁等等，相信很多討論到太極拳的書都有談到，所以在此就不再討論。

本書所要談的是勁的層次，層次不同，練出來的勁就不一樣，茲敘述如下：

（1）力到的勁

練習時以力為主，出拳虎虎生風，強調用力使勁

的重要性，百練成鋼，這種練法練出來的勁，也是不容忽視，但是一套拳練下來氣喘如牛，只適合年輕身體力壯的人，不適合中老年人，此種勁道來得快，去得也快，一停止練習，功力就會很快消失，而且會隨著年齡增長、體力漸退而退步，因為太強調力的使用，沒有功力的根基，也就是俗話說的「練拳不練功，到老一場空」。這是中級功夫。

(2)勁到的勁

此種勁的練法是藉著身體的各個關節的鬆開以及肌肉、骨骼、筋絡的扭轉，或緊或拉，而產生勁道，譬如腰胯勁、檔勁、沉肩墜肘的勁，以及手臂的勁、頂頭懸的勁，只要練出一種勁，就很受用，這些勁的勁道，剛猛有力，功夫練成之後，不受年齡老化的影響，這是高級功夫。

(3)意到、氣到、勁到的勁

這是練武者的最高目標，也是練武者一生所追求的境地，太極拳就是練這種階及神明的武功，但是因

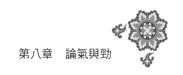

為極難練成，能練成此一功夫的極少。

這種勁是由腳湧泉穴上來，節節貫穿，由腳，膝蓋，入會陰，上夾脊至大椎，向兩肩往下小海穴而到手心勞宮穴至中衝穴而出，全然不出一點拙力，只要意到那裡，氣與勁就到那裡，只要人有一口氣在，就能使用這種勁，也不受年紀老化的影響，這是極高級的上乘功夫。

二、定軸勁（落胯，湧泉勁）

所謂的定軸勁，它不是指一般的發勁，它是身上兩個不同方向的圈（右手邊是反時針，左手邊是順時針）重疊在一起，由百會一直到會陰連成圓柱體的中軸線，一直延伸到大地，這時磁場跟大地連接在一起，與地融為一體，對方很難推得動你，因為對方的力量都經由腳底湧泉穴傳到大地，練成了定軸勁，把它運用在推手上，就非常的輕鬆。

一般為了練下盤穩固，怕別人推倒，都會雙腳拼命的用力，往地下撐，這是不對的。只要像平常走路一樣不用出力，很輕鬆的將腳底湧泉平貼地面，記

住，太極拳是要鬆，一鬆自然會沉，是一點都不用出力的。

三、起勢勁

起勢就是起手勢，鄭子（曼青）三十七式的第二式，其動作如後，手緩緩的抬起，到與肩同高，兩腳板很輕鬆的平貼地面，而氣由湧泉經由手掌勞宮穴拉起，也就是兩手隨氣浮起，對方碰到你的手臂或手腕，會彈開往後退，使用起勢勁時，一般都會在肩膀兩個肩關節用力，這是最常見的毛病。

這樣勁就會在肩膀關節斷掉，也就是斷勁，所以使用起勢勁時，只要雙手輕輕的抬起即可。

四、撞擊勁（膨脹勁）

初看撞擊勁這名詞會嚇一跳，怎麼太極拳會練這種好像橄欖球裡才有的衝撞勁一樣，其實不是，這是我看了電視上一則廣告影片，片中描述一輛汽車加速撞擊一面牆，汽車駕駛人方向盤前下方的安全氣囊，會迅速的膨脹出來以保護駕駛人的生命安全。這跟太

極拳的太極球體很相似，當人遭受外面攻擊時，身體內的太極球體，會膨脹開來，撞擊的力道愈大，它的反彈愈大，這就是太極球體的奧妙神奇之處。

　　太極拳最迷人吸引人的地方，不是結果，也不是它如何地被練成絕世武功，而是在不知道你會練到什麼程度，每天變化不同，每天都有進步，今天比昨天更好，就因為未來是個未知數，無法掌控與預期。就像是一張潑墨畫，只見宣紙上水墨交融，又像是用渲染法去畫一張水彩，你不知道其畫出來的作品是如何，既興奮又期待，其過程是令人咀嚼回味的，那是一種享受，而其果實是甜美，滿足的。縱然只是稍為一點點的進步，也會雀躍不已，這就是令人著迷的地方，而傾其一生去追求、推廣。

五、彈簧勁

　　彈簧勁顧名思義就是勁道像彈簧一樣，當我們用手壓彈簧時，你一鬆手，彈簧會反彈上來，壓的力道愈強，反彈的力量愈大，也就是當人推你的肩膀或胸前時，對方的力量會藉由身體被推的部位而傳到腳底

湧泉穴化掉，因為身體是鬆透的，而在同時間裡，那個力道即刻會由湧泉上來，而以膝蓋為支點，膝蓋對湧泉連成一線（膝蓋不可出力，它只是稍為有向下動一下的意即可），經過膝蓋向上而還給對方。

六、致命的寸勁

所謂寸勁，顧名思義就是一寸的勁，這是很短的勁，俗稱冷勁，是讓對方來不及防備的一種勁；是從右腳湧泉穴直接上右手而發出的勁即是寸勁，其行經路勁最短，不像以右腳為支點而出左手的路勁那麼長，所以發這種寸勁其威力是相當大的。

我舉例來說明，當我們用長勁將一個九十公斤的人發出往後彈出三公尺或五公尺，這種勁不致於傷害到對方，但是如果我們用寸勁發出，對方雖是站立不動的，但這個勁是直接進入對方的體內，也就是說九十公斤重量×五公尺長度的威力勁道進入對方體內，會造成對方體內的器官受到嚴重的損害，而且這個帶有氣的勁道，進入體內之後，會破壞體內的神經系統組織，因為氣進入體內必走神經，是故練武之人，除

非萬不得已，儘量不要使用寸勁傷人。

　　我所知道的一些拳友，就是專門在練這種寸勁傷人，尤其是練陳氏小架的一些拳友，練武不要練到這種地步，這是很可怕的，慎之，慎之。

七、氣的走化要在圓中求

　　在前所說，發勁要在圓中量，而在此所要討論的是氣的走化要在圓中求，這是層次極高的走化方法，遇到高手中的高手，就一定要在圓中求才有可能將對方的來勁走化掉，單靠肢體轉圈放鬆是無法走化掉的，那如何圓中求呢？其方法很簡單，如後所述：

　　(1) 轉圈（平面的），平時所練的轉圈方式。

　　(2) 轉平面的圈變為立體，豎起來的漩渦圈。

　　(3) 回到圓圈的原點，這個點是一種感覺，它不是一個實質的物件，就像太極球體，它不是一個實質不變的球體，它是有變化的，時有時無，時大時小。

　　(4) 放在操縱規的陰維點（兩腎連接點處），約在心窩的後方位置。

八、陽維勁

這是黃師父這套內功心法特別的勁,所謂的陽維勁,就是清宮—欽天監裡所說的「發勁要在圓中量,槓桿作用內中藏」的陽維點,這點約在心窩膻中穴的上方紫宮穴處,我們在練互參時這個點要頂出來,也就是第三章圈的練習中的前頂心窩,當本身練成太極球體時,這個球體會由陽維點滾動出來攻擊對方,而當球體上升至陽維點時,整片胸部就像一片擋牆會給對方一種壓力,這是由於氣貫整片胸部的關係。當我們跟人對招時,不可能每次都跟我們同等身高,如果遇到一個高個子的,他出手必定攻擊我們的上方,也就是心窩的上方,如果練成了陽維勁,不但不怕對方攻擊,反而會因對方的出拳而主動的正面迎敵。

我在光碟片亦有發這種陽維勁,為了突顯此勁的特殊,我都正面迎敵,而沒有利用這點來作為槓桿支點,攻擊對方,否則殺傷力會更大。而發陽維勁的方法,即將心窩稍微頂出,雙肩往後動,然後隨即恢復原狀即可。

九、接　勁

發勁容易接勁難，接勁在太極拳裡是很難的，你能接勁這表示你已熟悉聽勁進而漸悟懂勁，也就是練成不丟不頂、沾黏貼隨，即是懂勁的極致了，在互參時，可以從互參中慢慢去練接勁，就是剛練互參時，轉的圈起初要轉大圈，然後慢慢的變成轉小圈，最後變成一個點，從大圈到小圈時，往往會頂，這是必經之路，所以才說要慢慢循序漸進。

簡單的來比喻接勁，就像是對方丟一個球過來，要能接住，還給對方，而且本身不能受傷，但是跟人交手時，對方一拳打過來，你要能接住而且力量要轉化到對方，這是相當困難的，如果對方是一位武林高手，一出拳就是幾百斤，你如何在那一瞬間接住又回到對方，這一定要練成接勁才有可能。

要練成接勁，必需能做到下列幾點：

①不丟不頂。

②能沾黏貼隨。

③能聽勁懂勁。

④能吞天之氣，以及接地之氣。

⑤全身瀰漫著氣。

⑥太極球體完成。

⑦意到、氣到、勁到。

太極拳的勁與氣是相輔相成的，太極拳的勁，是鬆了全身的拙力，從頭鬆到腳底而落入湧泉，它自然的會由腳底湧上來，在一般推手中，常可見到兩人在互推時，用後腳彎曲撐地，用力的蹬出去，這跟全身鬆掉把重心落在腳底湧泉，所生出來的勁，想去甚遠，所謂「差之毫厘，謬以千里」。

下面所談的是，太極拳很難練成的二種氣，我把他提出來說明，以供拳友做為參考：

(1)接地之氣：

前述，當身體百會與會陰連成一線，身體被分成一半陰，一半陽時，兩個圈會重疊在一起，身體中間好似一個屏風，此時尾閭稍微用意往內縮進去，就會被會陰吸進去，就像吸盤似的，在臀部環跳穴處的週遭會凹進去，如圖九所示。此時只要意在湧泉，氣就

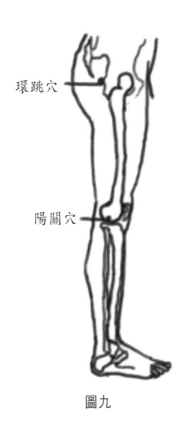

環跳穴

陽關穴 —

圖九

從腳底湧泉穴上來，或兩腳內外緣整片的氣上來，而
到達會陰。

　　接地之氣，顧名思義就是把氣從地引上來，當
然，要練成接地之氣，不是一下子就可將氣從地拉上

來，功夫是日積月累循序漸進的，最初感覺腳底板湧泉穴有整片氣，然後至腳踝再慢慢由兩腳脛骨、腓骨往上至膝蓋處，（停留在膝蓋處盤旋，數天或數星期或數月，看練的人是否認真持續不斷，一分耕耘一分收穫，世界上沒有不勞而獲的事。）從膝蓋慢慢的到會陰。

這時要恭禧你了，因為你已練成接地之氣的七、八成功夫，這時只要收尾閭，氣就會從大地經腳底湧泉穴，或兩腳內外整片或整束的上來，而此時只要將手由下抬起，就會將氣拉至手掌心的勞宮穴，以應付對方的攻擊。

(二)吞天之氣：

當身體鬆透時，此時身體呈現負壓狀態，大氣壓力就是所謂的氣，從四面八方上下進來，身體就像一塊大磁鐵，全身都在呼吸，這時已練成道家所說的胎息，全身細胞活絡起來，而充滿了氣，非常舒服，那種感覺，很難用文字來形容。而此時因為身體充滿了氣，就會有透空的感覺，胸腔腹腔空空的，兩手兩腳

也好像中空似的，身體只剩下一個骨架，到最後連骨架也沒有，只覺得全身透空。

十、 至人之息以踵

莊子《南華經》曰「至人之息以踵」，踵足背也，以前不知道其中含意，練了太極拳才恍然大悟，至人調息以踵，出氣曰呼，入氣曰吸，一呼一息總名一息。以太極拳來說，是氣落入湧泉之後，整個腳板充滿了氣，就像在呼吸一樣，在這裡順便一提，打太極拳不必刻意去注意到呼吸的問題，道法自然，一切順其自然，不管逆呼吸或是順呼吸，假如你打拳時，每招每式都特別去注意呼吸問題，一套拳打下來，你就會頭昏腦脹。

就像游泳一樣，如果你把所有的注意力與精神都放在呼吸上，你游泳時一定會嗆到水，因為你頭沉入水中時一定不會呼吸，頭抬起來自然會呼吸，這是人的本性，所以我才說，打太極拳時不要太刻意去注意呼吸問題，一切順其自然即可。

十一、氣的路徑

拳經所云，**其根在腳，發於腿，主宰於腰，行於手指**，其行經路線如下，由湧泉氣上來經脛骨、腓骨往上升，在腰際肚臍，帶脈週圍盤旋，而經由會陰尾閭往上送至大椎穴，下兩手臂的小海穴至手掌心勞宮穴，而從中指中衝穴而出。

有人會問，這要多久才能行於手指，遇到對方快速的一拳打過來，豈不是來不及了？請放心，這時間是極快的，只要身上那處被攻擊，只稍一個意念，氣即刻到達被攻擊的部位，正所謂的意到氣到，有時也不必用意，一種感覺而已，感覺對方攻來，還未碰觸到身體，那氣就會自動到達被攻擊的部位，形成一層保護膜，就好像武俠小說所寫的金鐘罩一樣，那就是所謂的蓄勁待發，遇到這樣的高手，就不能隨便的出手攻擊對方，那是自討苦吃，因為對方已經準備好了，你對他是無可奈何的。

十二、腹內鬆淨氣騰然

依我的感覺，是藉貫於全身放鬆後，氣沉於湧泉而後至會陰上尾閭使氣於腰腹，丹田處，躍躍騰然狀，我把它比喻成就像一壺燒開的水，躍躍欲動，當身體胸前遭受外力攻擊時，這壺蓋就像被掀開一樣，而使氣騰騰然往上衝。

十三、氣氣歸臍

我們都知道，嬰兒在母親子宮內，是靠著臍帶輸送養分，而至呱呱落地，黃師父的這套內功心法，只是讓我們恢復胎兒的呼吸方法而已。

轉圈時，有時會有氣上衝百會的狀況發生，有時會暈眩耳鳴，有時會腹脹，那是體內太多的氣沒有轉化，就像胃吃了太多食物沒有消化掉，肚子會脹的意思一樣，狀況因人而異，此時只要把意念放在肚臍，所有的氣就會進入肚臍，在肚臍丹田周圍處升化，轉化為真氣，由氣能轉變為電能的一種能量提升。

所謂真氣，我把它解釋為較純的氣，如果把身體

當作一導電體來解釋就會明瞭，**這較純的氣就是電阻較小電流較大的一種能量場**，由著名的歐姆定律I＝E/R來解釋就很容易了解。（I：電流，E：電壓，R：電阻），太極拳的勁道就由此較純的真氣產生，所以說**太極拳是一項開發我們人體內潛在力量的一種運動**，使我們的潛能顯現出來，不然怎麼會產生這麼大且驚人的功力出來？也難怪楊露禪宗師被稱「楊無敵」，其理在此。

十四、太極拳的勁運用在其他運動

太極拳以腰為軸，一動全身無所不動，把它運用在其他運動上，可收事半功倍之效，以乒乓球為例，用轉圈方式手揮桌球拍，轉動腰胯帶動身體，既省力又快速，其他如羽毛球也是如此。我有一位拳友早已年過半百，他將太極拳導入羽毛球中，打出來的球，又快又狠又準又省力，一些年紀比他年輕的選手都不是他的對手，所以，有些運動選手應該來學太極拳。

因為太極拳講求鬆柔，而所有的運動選手，在比賽時一定要鬆掉身體的肌肉，包括筋絡不能繃緊僵

硬，這些都可以從太極拳的練習中獲得改善。

十五、明師難尋

　　學拳，老師非常重要，尋找一位明師，可以幫你省去許多時間，免走冤枉路，八卦掌有八卦掌的明師，形意拳有形意拳的明師，縱鶴拳有縱鶴拳的明師，太極拳亦不例外，所謂明師難求，一生遇上一位明師，是件很幸運的事，明師與名師差很多，明師是有實力，且了解貫徹太極拳理，而名師是名氣很響亮，但有時是虛有其表，頭銜一大堆，名片遞出來真是嚇人。武術反映出實際現實的人生，人家一拳打過來，可不管你是否名師，實力最重要。你要找的是名師或明師那就要看你的選擇。

　　是否明師，我們可以從以下幾點看出端倪：

　　(1) 平時打拳不出拙力，很鬆，但是一推起手來，全身僵硬，全身拙力，甚至蠻力。

　　(2) 只打拳不教推手，並且說了一大堆不與人推手的理由，因為行家所說，一搭手便知有沒有，怕與人搭手，穿幫而露了餡。

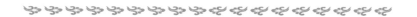

(3) 打拳時從外表看來身形散亂，這包括膝蓋超過腳尖，沒有上下相隨，屁股翹翹的，沒有收尾閭，全身看起來不諧調等等。

(4) 不懂拳理。

(5) 明師與人推手發勁時，其肢體動作不大，甚至小到看不出來，而從外表看起來，一派輕鬆，氣定神閒。

靜　物

第九章　太極球體的完成

　　我們在練拳架時，要收尾閭，簡單的說就是要讓會陰的氣能通過尾閭經夾脊，上玉枕到百會，下泥丸宮，而通三關，也才能感覺到「尾閭中正神貫頂」的醍醐味。

　　那麼，該如何讓會陰的氣經尾閭過夾脊上百會；以黃師父的這套心法來說，要把身體上的這兩個圈（見前轉圈練習篇）轉到由平面而豎起來成一漩渦，猶如龍捲風似的而其方向剛好與龍捲風相反，龍捲風是由下往上所過之處的大地景物皆摧毀殆盡，而身體的這兩束圈，是由上往下鑽，他是在兩肩的肩井穴下形成，然後這兩束圓柱體，藉由膻中穴上方的突出點陽維點，互相拉扯而慢慢的往中靠攏在一起，這時由百會到會陰的身體中軸線成形，這時只要把意放在湧

泉,氣就會由腳底湧泉由下往上,先停在膝蓋,而後到會陰。這時將尾閭往內縮,將意放在會陰,就會跟會陰的氣結合在一起。從外形看最大的特徵就是臀部的環跳穴會凹進去,此時會有氣動的感覺,這就是所謂的**會陰夾尾骶骨**。這是形成太極球體必經的階段。

所謂的骶骨就是尾閭長強穴上來,在脊椎骨旁約半寸的八髎穴所占的位置(**即上髎、次髎、中髎、下髎,左右共計八個穴道**)。

一、太極球體的完成

太極球體的完成所具備的條件與其經過,敘述如後:

(1) 身體的中軸線完成,身體猶如屏風被分成陰陽兩半。

(2) 會陰處會氣旋(逆時針)且在會陰下方處至大地,會有一漏斗狀漩渦。

(3) 百會上方也有一漏斗狀漩渦(順時針方向)與會陰相呼應,此時任督二脈相通。

(4) 百會與會陰的兩股氣在肚臍上下左右會合成

為一圈氣，此時腰際間帶脈暢通。

（5）四向合一，兩肩井穴下的左右兩束漩渦與會陰、百會的兩束圈，結合成一個上下左右四個方向的球體氣圈。

（6）**六神統合**，百會與玄關（兩眉的中間點）相通，也即所謂的第三隻眼。心（陽維點）與腎（陰維點）相通。尾骶骨的尾閭與會陰相通。以上六點會相呼應而且會氣動。

（7）吞天之氣，全身會感覺在呼吸，氣從身體四面八方進來，身體就像一塊大磁鐵似的。

（8）接地之氣，遭受外界攻擊時，只要一個意念或一種感覺放在湧泉，氣即從腳底湧泉穴上來到手掌勞宮穴處迎敵。

以上八點就是太極球體的雛形完成，這太極球體變為一團氣的球體，它沒有固定的具體形狀，我想，它是一種氣場的能量，由氣的能量轉變成一種電能，解剖人體時，看不見就像針灸的穴道，解剖時找不到穴道的位置及實體，但它卻在於我們體內，在針灸運針得氣時，就會感覺針下會有一種力量吸住針柄，也

就是所說的**如魚吞鉤**，而針對穴道得氣時也會感覺氣的流動，以膽經的環跳穴來說，它會沿著膽經的路線往腳下移動，而且速度極快，而這太極球體比針灸的穴道大很多，它的形狀，可大可小，可膨脹、縮小，有其固定的循行軌道，又有實質的作用力及爆發力。

二、奇妙的太極球體

太極球體的雛形完成，還有一段很漫長的路要走，太極球體奧妙且變化無窮，球體本身可大可小，**或膨脹或壓縮，全憑意，練成太極球體，會陰處就會自動氣旋（反時針方向），湧泉穴處也同樣會氣旋**，而這個漩渦豎起來在湧泉穴處，就像氣入土三分與大地相連結在一起，這個球體有時變成一點，游走於身體陽維點（膻中上方紫宮穴處）與陰維點（兩腎連接點處）。

當要攻擊對方時，只要把意放在陽維點，即陽球體，球體就會膨脹滾動出去攻擊對方，而對方攻來時，把意放在陰維點即陰球體，它即會化掉對方的來勁，對方攻擊速度快，它會跟著快，對方慢，它會隨

著慢。正如王宗岳在太極拳論所談「**動急則急應，動緩則緩隨，雖變化萬端而理拳一貫，由著熟而漸悟懂勁**」。

太極球體，它是陰陽並濟的，對方陽，球體即變為陰，對方陰，球體即變為陽，陰中有陽，陽中有陰，有時球體會離開身體跑出去又跑回來，奇妙無比。

太極球體裡面的功夫層次既廣且深，所以練出來的功夫，其功力相差很大，但是其精髓在於他的陰陽，太極拳離開陰陽，即非太極，所以王宗岳在太極拳論才說，**須知陰陽相濟方為懂勁，懂勁後愈練愈精，認識揣摩，漸致從心所欲。**

練成了太極球體時不要自滿，更要努力不懈，君子終日乾乾，朝夕惕厲，理當天行健以自強不息，因為擺在前面的乃是一條遙遠的太極道路，而邁向意到、氣到、勁到的階及神明的領域更是深不可測，太極拳深奧無比，窮其一生也難見底。

名畫家龐均說：「技巧來自於經驗，經驗來自於生活，生活來自於歲月。」龐均教授將藝術融入於生

活中，藝術即生活，生活即藝術，同樣地，我們學太
極拳也應該把太極拳融入生活中。由於時代的變遷，
現代學拳的人，無法像古人一樣整天練拳，所以就要
養成日常生活中隨時隨地都在練太極拳，盡量不使用
拙力，**走路走貓步，或用穿掌的招式走路**，兩腳向內
轉圈，站的時候，忌雙重，一虛一實的變換，等車、
坐捷運等都可以練拳轉圈，唯有這樣，才能練出好功
夫，否則單靠一天一、兩個小時是不容易把功夫練好
的。有人曾問太極宗師鄭曼青：「您身兼五絕之長，
那您怎麼還有時間練拳，而且還練的這麼好？」宗師
答曰：「我在跟你講話的同時，也正在練拳，所以我
隨時隨地都在練拳。」把太極拳當做事業來經營，更
視為一生的朋友，不離不棄，則太極拳成矣。

第十章　論虛實與陰陽

　　明王宗岳《太極拳論》有談到：「偏沉則隨，雙重則滯，每見數年純功，不能運化者，率自為人制，雙重之病未悟身，欲避此病，須知陰陽相濟，方為懂勁，懂勁後，愈練愈精，默識揣摩，漸至從心所欲。」

　　虛實與陰陽是一體兩面的，虛實顯現於外表、陰陽則隱藏於內，打太極拳架，以鄭子37式來說，除了起勢雙重之外，其餘的招式，都要有虛實，虛實除了腳要做到外，手也要有虛實。練習拳架的虛實我把它比喻為水位，水位高的往低水位流，同樣的，拳架有虛實，身體氣的運行就會流暢，可幫助氣的運行，在日常生活中處處可見虛實。

　　以走路為例，腳抬起的是虛，而踩在地上的腳是

實，就因為虛實交替，一腳出力，一腳不出力，所以我們才能走遠路而不累。

又以游泳這運動來說，自由式的兩雙臂也是虛實交替，划水的手臂是要用力，是實；而另一隻手抬起是虛，這樣才能游得又快又遠又輕鬆。

而拳架有虛實，在推手中才能走化對方的來勁，虛就是化，而實就是發勁，所以我們發勁時，都是由實腳的湧泉點發出的。至於陰陽更是東方文化的思維，中醫將陰陽分得很細茲類表於下：

陽	動	剛	倡	速	表	至	進	發生	主動
陰	靜	柔	隨	遲	裡	去	退	收藏	被動

中醫把陰陽的變化來說明事物的發展規律，因此陰陽的變化實質上就是事物的變化，由於陰陽所包括的現象非常複雜，古人為了容易分析和鑑別，所以又把陰陽所包括的一切現象，分別類型劃分為三陰三陽六個範疇，從個六個範疇中又分手足三陰三陽12個

經絡系統，每個系統都有特有的生理病現象，這樣
在診斷上就比較清楚（見吳國定輯著《內經解剖生理
學》）因為本書有論養生篇，所以在此也就把中醫的
一些理論引進來。

　　中醫強調陰陽要調和，陰盛陽衰或陽盛陰衰，都
會引來疾病，甚至討論到陰陽與性格的關係。而陽動
陰靜，陽剛陰柔，陽速陰遲，陽表陰裡，陽進陰退，
陽主動陰被動，都能應用在太極拳上，而太極拳的
化與發亦是陰與陽的延伸，所以明王宗岳於《太極拳
論》開宗明義就談到「太極者無極而生，陰陽之母
也，動之則分、靜之則合。」動之則分，分就是分陰
陽啊，又說陰陽相濟，方為懂勁，所以說太極拳離開
陰陽非太極也。

太極圖

　　而談到陰陽，離不開太極圖，這個古老神秘的太極陰陽魚圖（見圖），用於黃師父的這套內功心法，正吻合圖中的黑魚（陰），白魚（陽），首尾相接，互抱不離，黑魚的最小端正是白魚的最大端，而白魚的最小端，正是黑魚的最大端，永遠互相環抱的轉動生生不息，永不停止。

　　陰動的起點是陽動的止點，而陽動的起點是陰動的止點，所謂的止點它並不是停止，而由由大變小而已，看似靜止，其實它是在動的，而且這兩個陰陽魚圖，它是一個逆時針，一個順時針方向的呈螺旋狀的在旋轉，而我們在練習轉圈時，將身體從百會到會陰拉成一條中軸線分成兩半，而兩個圈的轉也是右手（陰，逆時針），左手（陽，順時針）的旋轉，而這個古老太極的陰陽魚圖，它是一個動態的圖像，兩條陰陽魚圖會立起來，呈漩渦狀的環抱在一起，並且呈螺旋的轉動。茲將我們練習轉圈時在體內圈的變化畫一簡圖如下：

一、體內轉圈的變化

百會

左手邊陽
順時針方向
轉圈

右手邊陰
逆時針方向轉圈

會陰

圈會由平面
的轉為立體
的呈漩渦狀
豎起來的圈

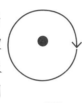

因氣的牽引會往
中軸線靠攏在陽
維點或肚臍

此時兩個不同方向
的圈因靠攏而呈一
橫8的形狀，此時
身體被分成兩半。

兩個不同方向的球體

最後兩個不同方向的圈會靠
攏重疊在一起，而成為一太
極圖（太極生兩儀）

這時百會的圈會順時針方向
的轉而呈直束的8下來肚臍
與原先的肚臍太極圖的球體
會合成一上、下、左、右四
個方向的球體（即兩儀生四
象）

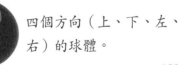

四個方向（上、下、左、
右）的球體。

109

二、互參圈的陰陽

推的一方：前半圓圈為陽（進），後半圈為陰（退）。

被推的一方：前半圈為陰（即化），後半圈為陽（即沾黏住對方），在被推與推人的互參中，要把握住陰陽、虛實的變化，一個圈有陰有陽，也就是陰中有陽，陽中有陰。

三、體內部位，氣的陰陽

把身體分成四部份來區分陰陽：

1. 從百會連到會陰，右手邊是陽，左手邊是陰。

2. 從肚臍橫切上下，肚臍上部為陽，下部為陰。

3. 百會為陽中之陽，玄關為陽中之陰（兩眉之中點）

4. 會陰為陰中之陰。

5. 陽維點為陽（紫宮穴處），陰維點為陰（心窩往裡的點）

四、推手陰陽的變化

推手的變化是瞬息萬變的，所以平常在演練拳架以及互參時，就要確實做到處處有虛實，處處有陰陽，才能在推手中處處得機得勢而游刃有餘，取得優勢主導的契機。

茲將推手中陰陽轉化敘述如下：

1.右後腳實（陽）配左手實（陽）對稱的長勁力道，可將對方彈出。

2.緊急的致命一擊，右前腳實（陽）配右手實（陽）的短勁力道。（長短勁：見蔡肇祺先生所著《我所認識的太極拳》P 164）

3.利用身上的陽維點（心窩上璇機穴處）作為槓桿支點，即被推的肩膀一方（右）為虛（陰）為化，另一端左邊則為實（陽）為攻。

4.利用百會對會陰中軸線的操縱規，即對方攻來看陰維點（心窩往內處）走化掉。

我攻對方時，看陽維點（即滾動球體攻擊）。

五、拳架的陰陽

以拳架的倒攢猴及穿掌兩式來論陰陽。

倒攢猴：右手實左手虛配左後腿實，前右腳虛，此時右手背在上在前為陽，左手心在上在後為陰，抬右腳往後退，此時變換手掌，右手在後為虛為陰，左手在前為陽為實手背在上，手心在下，重心在右後腳為實。重複交替變換虛實，這是右腳實對左手實對稱的長勁攻擊。

穿掌：此式攻擊的陰陽虛實與倒攢猴不同，前者後退出手攻擊，而穿掌為向前。

1. 即抬後右腳轉圈向前踏出，同時舉右手為陽為實攻擊，此時右腳為實為陽。左手為虛為陰在下。左後為陰為虛。

2. 抬左後腳轉圈向前踏出，同時舉左手為陽在上為實攻擊，此時右腳在後為虛為陰，右手為陰為虛在下。這是左腳實配左手實的短勁攻擊。

以上所寫各點，只是在說明虛實陰陽在太極拳的重要性，太極拳離開陰陽非太極也，明王宗岳《太極

拳論》開頭就說：「太極者無極而生，陰陽之母也，動之則分，靜之則合。」又說：「須知陰陽相濟，方為懂勁，懂勁後，愈練愈精，默識揣摩，漸至從心所欲。」張三豐的《太極拳論》也說：「虛實宜分清楚，一處有一處虛實，處處總此一虛實。」而在前第一點轉圈的變化與第二點互參圈的陰陽所談到圈的陰陽，只要練到太極球體完成，就會全身處處是圈，處處都是陰陽，而陰陽分清楚。在太極拳的推手應敵中將是無往不利，處處得機得勢而得心應手。

十三勢行功心解

以心行氣務令沉著
乃能收歛入骨以氣
運身務令順遂乃能
便利從心精神能
提得起則無遲重之虞
所謂頂頭懸也意
氣須換得靈乃有圓
活之趣所謂轉變虛
實也〜 發勁須沉沈

一舉動周身俱要輕
靈尤須貫串氣宜
鼓盪神宜內歛毋
使有缺陷毋使有
凹凸毋使有斷續其根在脚
發於腿主宰於腰
行於手指由脚而
腿而腰總須完整一
氣向前退後乃能得

第十一章　養　生　篇

　　張三豐祖師遺論，欲天下豪傑延年益壽，不徒作技藝之末也。太極拳本身就是一種養生的運動，是經過現代醫學證明，它可防止老年人跌倒，增加老年的平衡感，加強心肺功能，舒解緩和現代人的緊張、壓力及焦慮感，因為現代人的病大部份是由於過度緊張所致，而太極拳講求放鬆，自然而然會減少許多疾病的發生，合乎養生的要求，尤其它是一種以腰為軸的圓球體運動，所以對女人的健康幫助更大。

　　因為環繞在腰部的帶脈（帶脈穴、五樞穴、維道穴三個穴道）都可藉著轉動腰胯的運動而動，所以平常要多練習轉圈，腰胯轉動來帶動全身動，並使環繞肚臍周圍一周的帶脈暢通，潤滑腎臟機能，達到強腎固精的效果。

　　轉圈時可把湧泉的氣提升到膝蓋以滋潤膝蓋，而後會陰，此時收尾閭，氣會從會陰過尾閭，沿著督脈徐徐到大椎穴上百會，再從百會沿任脈向下到會陰，此時即任督兩脈相通。

　　如果用在推手時，氣到大椎穴時（即第一胸椎與第七頸椎之間），把意放在手掌心勞宮穴，氣即會經肩膀下小海穴而達到手掌心勞宮，凡此都是意。

　　平常多打「合太極」這一式，詳見光碟片最後一式，應注意的地方在此略為說明，就是兩手擺動轉圈，將氣從湧泉引上來，此時膝蓋略向前彎曲，不要超過腳尖。

　　吸氣，收尾閭，兩手將氣拉到肚臍時，腹腔往內縮，其意就是氣到此，不要再往上，然後抬起兩手畫一個8到頭部。

　　吐氣，兩手放下，將百會的氣往下引，此時肚臍的上方鼓起，週而復始，重複的做，可以使氣上下暢通。

　　茲提供一些養生功法與讀者分享，敘述如後：

（一）踮腳托天（圖A）：

將兩手指交叉，手心向上，高高舉起拉直，往上延伸，然後踮起腳尖，停留半分鐘。

A   B

（二）左右擺蓮（圖ＢＣＤ）：

延續第一式動作，然後往右傾擺動拉直，力量由腳底經大腿外側，上腰部、肩膀傳至兩交叉手指，慢慢往右下移至肩膀高度停留約一分鐘，停留期間，可再做拉直延伸動作。做完後很舒服，當久坐辦公桌的時候，起身做個五分鐘，可消除疲勞提振精神，通體舒暢。

C

D

（三）彎腰觸地（圖ＥＦＧＨ）：

延續第二式動作，彎腰將兩手指交叉觸地，這可訓練腰部的柔軟度。

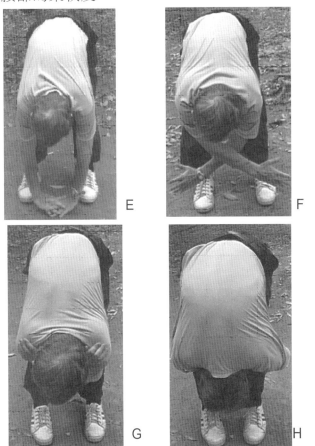

I

（四）大鵬展翅（圖I）：

延續第三式動作，兩手指分開，兩手臂往內交
叉，腰部慢慢拉直，雙臂在半空中畫一個大圓，往下
垂兩手放在雙腿前端。

（五）抓空（圖J）：

吸氣，延續前式動作，雙手掌抓空慢慢緊握成一

拳頭，然後吸氣，踮起腳尖往上提放在兩腰旁。所謂
抓空就是抓空氣，是古時練鷹爪功的一種方式，可活
絡手指末梢神經。

J

K

（六）吐氣放空（圖K）：

將緊握的拳頭放鬆，吐氣，將手往下垂，放在兩
大腿外側。做完以上六式之後算是完成第一單元。然

後再做第二單元，其動作方式同第一單元，只是兩手交叉改放在肩膀。這可練沉肩墜肘之勁。

(七)溫腎固腎（圖L M）：

(1) 兩腳站立與肩同寬，兩膝蓋微曲，不可超過腳尖，兩手掌心相對朝上，口呈尖形，如吹口哨形狀，對著手指尖吹氣，吹出來氣是冷的，可收溫腎固腎之效，腎在中醫五行裡屬北方水，屬性寒，所以才

L

要把腎臟的冷氣吹出來，一些腰酸背痛者，常用艾條溫灸腎俞，可減輕腰酸背痛。

(2) 吐濁氣去心火（圖M）：兩腳站立姿勢，手動作同前式，而嘴形圓形，向手指尖吹氣，吹出來的濁氣是熱的，心在中醫的五行裡屬南方火，屬性熱，從中醫的陰陽觀點來說，陰盛或陽盛都是太過，要中庸才好，即陰陽平衡，心火太盛，所以要把過熱的心火熱氣吹出來。

M

（八）起勢膨脹球體：見(8-1～8-5)圖

1. 兩腳站立與肩同寬，腳尖微內扣，腳趾放鬆貼地。

2. 兩眼平視，舌抵上腭。

3. 兩手臂緩緩提起與肩高。

4. 兩手左右往外畫圈。

5. 兩手緩緩下降至兩腿風市穴。

6. 重複上5項動作數次。

採自然呼吸法，此法可使膻中穴心窩處的球體膨脹成一兩手畫尖的大球體並且可氣貫手指尖。（見DVD片）

圖8-1

圖8-2　　　　　　　　圖8-3

圖8-4　　　　　　　　圖8-5

(九)左右開弓：見（9－1～9－2）圖

1. 兩腳站立與肩同寬。

2. 招式同摟膝斜式掌。

3. 右手掌向左推，重心移至左腳，身體往左轉90°。

4. 鼻尖對肚臍成一直線，鼻尖轉到哪，肚臍跟著轉到哪。

5. 右手掌做畢換左手掌。

圖9－1 圖9－2

6. 左手掌向右推，重心移至右腳，身體往右轉90°。

7. 動作同(4)。

8. 重複上述動作數次。

採自然呼吸，此法可帶動腰部轉動，有利帶脈暢通。（可見光碟片練習）

（十）左右環抱球體：見（10－1～10－2）圖

1. 兩臂渾圓作抱球狀，兩手向外擴張（吸氣）。

圖10－1　　　　　　圖10－2

2. 吐氣兩手向內擠壓如抱球狀。

3. 可使內外氣相通。

上下壓縮球體:（10－3～10－4）圖

1. 兩手臂上下環抱作抱球狀，右手屬陰在下，左手屬陽在上。

2. 兩手掌心相對。

3. 右手掌由會陰往上提，左手掌由百會往下壓，兩手交會在肚臍處。

4. 可使內氣上下相通。

圖10－3

圖10－4

（十一）雙手互盪：見(11-1～11-2)圖

1. 兩腳站立與肩同寬，重心落湧泉，兩手自然手垂。

2. 右屬陰，先動，右手往前擺動與肩同高，重心在右腳。

3. 同時頭往左轉，左手往後擺動。

4. 換左手往前擺動與肩同高，重心在左腳。

5. 同時頭往右轉，右手往後擺動，

圖11-1　　　　　　　　圖11-2

注意：兩手擺動要緩慢，以免頭部左右轉動時扭到。

(十二)倒攆猴見(12－1～12－4)圖

1. 右手鬆開隨腰胯轉動向後盪，右臂隨勢由下向上畫一大圈從右耳向前伸出，同時退右腳，左手亦同時重複做前右手動作。

圖12－1

圖12－2

2. 兩腳平行與肩同寬，前後腳距離大些以撐開
尾閭，使氣上督脈。

圖12－3　　　　　　　圖12－4

（十三）穿掌：見(13－1～13－7)圖

1. 右腳抬起向前移動，要往內轉圈，（即腳尖
往內扣）而腳著地時（實腳）腳跟要有往後的感覺，
重心平貼湧泉，就像平常走路一樣。同時右手往上抬
至右額。

2. 換左腳抬起向前移動重複「1」動作，同時，左手往上提。

3. 微用意念，把氣從湧泉提至會陰。

圖13－1

圖13－2

圖13－3

圖13－4　　　　　　　　　圖13－5

圖13－6　　　　　　　　　圖13－7

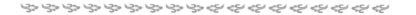

（十四）抱虎歸山：（見拳架）

1. 兩手胸前交叉環抱，左手在下，右手在上，左右各自畫一大圈。

2. 兩手放於兩腰際。

（十五）雙手推月（見拳架）

1. 兩手放於兩腰際。

2. 膝蓋微向前曲，不超過腳尖，同時兩手向前按。

3. 用意將湧泉氣，提至會陰。

（十六）半蹲鬆腰：見（16-1～16-3）圖

1. 兩腳站立與肩同寬。

2. 兩手擺動轉圈慢慢往下蹲至膝蓋對湧泉，兩手在地做除草動作。

3. 慢慢的往上站立同「1」式。

此式可加強大腿肌肉的韌性以及去掉身上的拙力，對於鬆腰空腰幫助甚大。

圖16－1　　　　　　　圖16－2

圖16－3

　　茲將古人養生之法敘述於後以作參考，期望讀者人人都能健康長壽頤享天年。（以下摘錄自《醫方集解》）。

一、內經上古天真論曰

　　上古之人，法於陰陽，飲食有節，起居有時，不妄作勞，故能形與神俱，而終其天年，度百歲乃去。今時之人不然也，以酒為漿，以妄為常，醉以入房，以竭其精，以耗損真氣，不知持滿，不時御神，務快於心，逆於生樂，起居無節，故半百而衰。

　　夫上古聖人之教下也，虛邪賊風，避之有時，恬淡虛無，真氣從之，精神內守，病安從來。

二、養生15宜口訣

　　髮宜多梳，面宜多擦，目宜常運，耳宜常彈，舌宜抵腭，齒宜常叩，津宜數嚥，濁宜常呵，背宜常暖，胸宜常護，腹宜常摩，肢節宜常搖，足心宜常擦，皮膚宜常乾，大小便宜閉口勿言。

三、諸　傷

久視傷肝，久臥傷氣，久坐傷肉，久立傷骨，久行傷筋，暴怒傷肝，窮思傷脾，極憂傷心，過悲傷肺，多恐傷腎，喜驚傷膽，多食傷胃，醉飽入房，傷精竭力，久思耗神。

四、風寒傷

沐浴臨風則病腦風痛風，飲酒向風則病酒風漏風，勞汗暑汗常風則病中風暑風，夜露乘風則病寒熱，衣涼胃冷則寒外侵，飲冷食寒則寒內傷。

五、飲食傷

飲食自倍，腸胃乃傷，膏粱之變，足生大疔。

飽食太甚，筋脈橫解，飲食失節，損傷腸胃。

怒後勿食，食後勿怒，醉後勿飲冷，飽食勿使臥。

飲酒過度，則臟腑受傷，肺因之而疾嗽，脾因之而倦怠，胃因之而嘔吐，心因之而昏狂，肝因之而善怒，膽因之而忘懼，膀胱因之而溺赤，二腸因之而瀉

泄，甚則勞嗽失血，消渴黃疸，勿過食鹹過則傷腎，
不食辛辣大熱皆損元氣。

第十二章　問　答　篇

1. 問：請問學太極拳是否可以再學其他武術，比如跆拳、空手道或少林拳等等？

答：學太極拳是否可再學其他武術，這個問題一直困擾著一些急欲取得功夫的學生，尤其是推手比賽選手，為了想要在比賽中求得勝利，很多都有加練其他武術來彌補，依我的見解，最好不要！

因為太極拳講求鬆柔不用拙力，你練其他武術不合乎太極拳的要旨，會愈練拙力愈大，離太極拳愈離愈遠，古人習武窮其一生都是在練一種拳術，時間多又專攻一種，可以練得很專精並且成就非凡，現代人很忙沒有時間，又練得很雜，可想而知，其成效當然要大打折扣，很難超越前人。

2. 問：練太極是否要特別注意呼吸，在老師的書中好像沒有提到呼吸問題？

答：這個問題存在於一些練氣功的朋友，氣功很強調呼吸方法，練太極與練氣功還是有所不同，氣功是重複的在做一種相同的招式，而太極拳是練整套的拳架，如楊家的108式，陳氏小架的75式，鄭子的37式，都強調呼吸均勻，連綿不絕即可，除非說，將太極拳的招式抽離出來，專練一招才要特別注意到呼吸問題。我是採取自然呼吸法，道法自然，不要去特別注意呼吸問題，就像游泳，如果你太強調呼吸，一定會嗆到水，因為你在游泳時，沉到水裏，不會呼吸，頭一抬起來自然會呼吸，這是人體自然的生理反應，在練拳時不要太在意什麼順呼吸、逆呼吸，不然一趟拳打下來肯定會頭昏腦脹的。用腳板呼吸是不錯的方法，就是書中所說的至人息之以踵。

3. 問：一般太極拳都會練站樁，為什麼老師沒有教站樁？

答：確實不錯，站樁，不只是太極拳，一般武術

都會練站樁，像少林拳就很注重站樁，一般站樁都是定步雙重站樁，而太極拳站樁，是採一虛腳、一實腳的，我們練轉圈以及互參時就是一種一虛一實兩腳交替的站樁，所以不必再練站樁，如果真的想要練站樁，可以練鄭子三十七式的提手一式，一腳實一腳虛的交換站樁即可。站樁不是要練腳力，是要使氣鬆到腳底湧泉以及貫通到百會下泥丸宮，如果要練腳力，那就去練舉重不是更快嗎？

4. 問：據說打太極拳會膝蓋受傷，我的朋友就是因為怕受傷才不敢打太極拳，是如此嗎？

答：這是打拳架力量使用不當，以及姿勢錯誤所造成的，膝蓋不要超過腳尖與不要用力，膝蓋不可承受身體的重量，也不必拳架打得過低，所有的重心都落入腳底湧泉穴，用這樣的方式來打拳架就不會傷害膝蓋。

5. 問：打拳架如何糾正自己的姿勢，應注意哪些事項？

答：打拳架時，最好有老師在旁糾正，如果沒有老師在旁，則對著鏡子練拳亦是好方法，我曾經在健身房對著鏡子練拳，檢視自己的招式是否正確，以及是否合乎太極拳的要求。細述如下：

1. 尾骶（閭）是否中正。

2. 肩、腰與膝蓋是否有上下相隨一致。

3. 身體是否散亂搖擺不定。

4. 是否有收尾閭或者翹臀在打拳。

5. 脊椎是否中正與地垂直。

6. 打倒攆猴是否有雙腳平行，鼻間對肚臍，肚臍轉到哪裡，鼻尖就轉到那裡，反亦之然，以檢視自己是否有轉動腰胯。

7. 膝蓋是否有超過腳尖。

以上諸項都可透過鏡子來糾正自己的姿勢，等定了型之後就可以不必對著鏡子來練拳了。

6. 問：請問以前練過別種武術，現在練太極拳，是否要拋棄以前所學的武術？

答：以我的經驗來說，我以前是學八卦掌的，

1977年我在高雄壽山公園跟山東王明渠老先生學習。
八卦掌與太極拳雖屬內家拳，講求陰陽變化，沉肩墜
肘，上下相隨等共通的特質，但還是有很大的差異
性，最大的不同八卦掌是練緊，陰掌與陽掌的變化，
是從緊中練出來，而太極是練鬆，完全不出拙力，練
緊容易體會，練鬆難，我不是說八卦掌容易練就不
好，當初董海川創八卦威震一時，活到98歲，所以兩
者都很好，只是兩者之中只能選擇一種來練，才能練
精練好，以黃性賢大師來說，以前是練鶴拳的，遇到
鄭曼青宗師之後就改學太極拳，而在太極拳成就自
己，將太極拳發揚光大。

7. 問：打拳架是要很多人一起練？還是一個人
獨自練習好呢？

答：打拳架還沒有熟練之前，當然是要跟老師學
習，接受老師的指導校正，但是現在人因為忙碌，老
師不可能整天跟在你的身旁，這時就只能自己一個人
練習。我建議一天最少要有一次找一處沒有人干擾的
地方獨自一個人練習是最好不過，教學外當我一個人

練拳時，是不喜歡別人來打擾，一方面是可以心無旁騖的專心練拳，另一方面最主要的是我要享受這寧靜的片刻，物我兩忘，行雲流水般的就像在寫書法的行草一樣，那種感覺真的不錯。講究鬆沉虛無、空靈的太極拳，就是要在這種氛圍中提升自己的拳藝功力，難怪古人才會有摸黑練拳，就是避免不必要的外來干擾，而分了心。

8. 問：轉圈可以站著，亦可坐著練，為什麼站著練效果比較好？

答：站著練比坐著練效果較好其理如下：

1. 站著可以兩腳虛實交換，陰陽分的很清楚。

2. 可以訓練身體重心落湧泉，體會鬆沉落湧泉的感覺。

3.站著練鬆腰，空腰比較容易。為什麼站著練鬆腰比坐著容易，因為站著是兩腿承受力量，重心落湧泉，而坐著是尾骶骨承受全身的重量，腰胯離尾骶距離較近，所以比較會用到力量，坐著練鬆腰，空腰比較困難其理在此。

　　4.站著練等於是練習虛實交換的站樁，而且站著是動態的，合乎地球的每秒轉動，以及整個宇宙的天體運行都是不停的在運轉，沒有一秒停頓，完全靜止是不可能的，也會出大問題。

　　9. 問：練習互參時，膝蓋、腰胯很酸是何原因？

　　答：剛練習互參時，因為腳無法落湧泉，且不習慣，鬆腰，落胯，膝蓋，腰胯繃的很緊，用力的想要撐住自己不往後仰，練習不到一分鐘，就腳、膝蓋、腰胯，甚至肩膀都會酸，這時只要順著對方，不要頂，全身放鬆，不要用力，久而久之自然會消除。代之而起的是全身舒暢，氣遍周身，舒服極了，就是練一整天亦不覺得累。

　　10. 問：老師打拳架，好像動作不大，陰陽虛實不明顯，希望練拳時可以加大招式並且能說明招式的陰陽虛實轉化。

　　答：因為這次教拳的對象，都是在別處有學過太

極拳的,有的二三年,有的七八年,甚至有的已經超過十年了,而**這次最主要的是加重圈的練習,以及互參**,所以打拳架的份量就相對的減少,單以一個拳架的練習至少就需要一年的時間,那要互參的時間就不夠了,所以我才會將拳架拍成光碟片,先看了片子,再來練拳,比較不會浪費太多的時間,況且一個星期只有一個晚上,所以沒有辦法在拳架上打得很慢很詳細,但是有什麼問題,盡量現場練拳時提出來討論。其實我打拳架時,每招式虛實陰陽轉換都交代很清楚,只是我的動作不大,所以讓你覺得沒有陰陽虛實,這是老師的責任,往後我會調整改進。

11. 問:有的學生跟你學拳,又跑去跟別的老師學拳,請問老師你會介意嗎?

答:我不介意學生在我這裡學拳,然後又跑去跟別的老師學拳,反而歡迎學生去做比較,但是有一個原則就是後面的老師要比前面的老師好,這樣才不會浪費時間,才會愈練愈好。這使我想起有人問鄭曼青宗師同樣的問題,宗師答曰:「你去敲大鐘,回響的

聲音就大，敲小鐘回響的聲音就小。」能遇到像鄭曼青這樣的老師，也算是三生有幸啊！

12. 問：老師你對目前太極拳推手比賽有何看法？

答：每種運動都有比賽，如柔道、空手道、跆拳等等，太極拳亦不例外，以目前太極推手比賽來說，分定步與活步兩種，我只談定步推手，其規則是看誰腳步先移動誰就輸，為了求其勝利只見選手兩人前後腳一前一後，都蹲得很低，後腳用力的往後撐住，繃得很緊，這違反了太極拳鬆的要求，這種半蹲的定步推手就連在平常的打架中，亦不可能出現的架式，竟然會在定步推手中大行其道，令人費解。

因為蹲的這麼低，你如何轉換虛實步法，以我的看法，如果定步推手能改為兩腳站著與肩同寬，腳尖對齊同在一線上，就像互參的姿勢，頭、肩膀、腰胯、膝蓋一直鬆到腳底而重心落入湧泉，膝蓋不可超過腳尖，**這種定步推手就可以訓練出鬆腰落胯的效果出來**，因為兩腳尖對齊，當對方推來時，你一定要鬆

腰落跨轉圈才能把對方的力道化掉，不像兩腳一前一後半蹲式的近乎雙重似的而用後腳用力的撐住，這種定步推手比賽，愈練拙力愈大，對於想要練成往真正的太極拳道路愈遠，這是我的看法，提出來供大家參考。

13. 問：常聽太極拳的功夫在拳中求，如何求？

答：這個問題問的很好，**想要練成太極功夫，一定要從拳架中獲取**，一些推手比賽的選手，常常忽略了拳架的演練，甚至不練拳架，而只練推手，那不能算是太極拳的功夫，那是一種拙力，甚至是蠻力的功夫，你說那種蠻力有沒有功夫，當然有功夫，沒有功夫，怎麼會在推手比賽中得到名次，我只能說那不是真正的太極功夫。

一般練拳應注意的事項，可以參考前面所問的第五題。然後打拳時雙腿不要雙重，以鄭曼青的三十七式來說，除了起式雙重，其餘就要虛實轉換確實，以我跟黃師父所學的這套傳統老架，雙手推月一招為雙重外，其餘都要變換虛實。

　　還有一點要切記，就是當兩腳板轉換時，虛腳轉變為實腳時，要確確實實的把重心落入腳底湧泉穴，全身的重量幾乎都落在實腳湧泉穴，甚至鑽入泥土，入土三分，這樣全身由頭、肩膀、腰胯、膝蓋都要鬆到腳底湧泉穴，這樣演練一趟拳架下來腳會很酸，愈練愈鬆愈沉，一兩年下來，你就會覺得有其根在腳身輕體重的感覺，別人推你會覺得很重，很難推。這時你的太極功夫就會隨著你練太極拳架，而與日俱增，這就是所謂的太極功夫要在拳中求的道理。

　　14. 問：「太極十年不出門」請問老師你對這句話的看法如何？

　　答：這是一個嚴肅的問題，也點出了太極拳的易學難精，單單台灣學太極的人這麼多，究竟有幾個人入門了太極而得其精髓，可以肯定的說是寥寥無幾，**太極拳易學難精是因為他跟我們平時用力的習慣不同，不能以平時用力的習慣來練太極拳**，也不能用練外家的方法來練，這是練的方法不對。

　　再來就是老師的問題，有的學了一兩年就出來

教，而且學生還不少，我不是說學了一兩年不可以出來教，而是我認為太極拳豈是一兩年就可以練成的嗎？有的老師在前面打拳，屁股翹翹身形散亂，後面跟著一大堆學生依樣畫葫蘆，而且教得很雜，拳、劍、大擾、散手，以及教一些奇怪的跟太極拳無關的招式，像這樣的老師所教出來的學生，不要說十年出不了門，就是再練三十年，甚至一輩子也不得其門而入，真是枉費功夫貽嘆息。

所以找一位明師很重要，免走冤枉路。依我的觀察，練對了太極拳，而且很認真的學，七年應有小成，這是我對太極十年不出門的一點淺見及看法。

15. 問：打拳架為什麼要放鬆，如何鬆？

答：鬆是太極拳最基本的要求，因為打拳架放鬆時，關節、肌肉、筋骨會節節貫穿，越鬆就會入靜，入靜氣感就愈強，而使內氣發動的愈順暢，身體鬆了，自然氣會沉丹田入湧泉，打拳架要求鬆其理在此。那要如何鬆，這個鬆不只是全身，皮、肉、韌帶都要放鬆，且從頭到腳都要鬆，首先鬆開腳底、腳

踝、膝蓋、腰、胯、肩膀、胸手肘、手臂及手腕，各個關節都要鬆開，這是肢體上的放鬆。

另外一個層次是精神層面的鬆，這個鬆是要心無雜念，也就是說打拳架除了專心打好一套，其餘都要拋開，達到虛靜的境界，這個層面較難。

16. 問：何謂含胸拔背？

答：含胸的意思就是胸部放鬆，而不是胸部往內壓縮，一般練拳者誤解其意，而練成彎腰駝背，含胸之後自然能拔背（背部有上下拉直的感覺），拔背則氣會貼背，沿著督脈脊椎往上至大椎穴而上達百會，打通督脈。

17. 問：何謂虛靈頂勁？

答：所謂虛靈頂勁就是頭頂百會穴處，好似有一股力量輕輕將頭往上拉的感覺，我曾經看見一位長者表演打拳套時，頭上頂著塑膠茶杯而不掉落，不知其用意何在，這和虛靈頂勁的內涵完全相反，真是差之毫釐，謬以千里。

18. 問：打拳架為什麼要身體中正？如何中正？

答：身體中正有很多好處，氣上下會順暢，內氣容易發動，在技擊上不會前傾後仰，而讓對方有機可乘；練轉圈時，百會對會陰連成一線，頭頸部會自然拉直，身體自然會正。所以，打拳架一定要特別注意身體中正，千萬不能前傾後仰左右亂擺，身形散亂，而致氣散體衰。

19. 問：打拳架及推手，要用意不用力，何謂意？如何用意？

答：這是太極拳裡最難懂也讓人最迷惑的地方，很多練武者往往不得其意，而練不成真正的太極功夫，一般武術分成兩種，一種是內家拳，一種是外家拳，外家拳練到後也是強調用意，但是在練習過程中因慣於用力，所以要進入像太極拳這種鬆沉用意不用力的層次比只練太極拳者更難，這是題外話。

什麼是意，有人說是想像，有人說是一種念頭冥想，一種意識，一種思想，一種意念（**就像一幅抽象畫，各有解讀不同**），這些答案都對，只是因為太強

調用意而變成太過，過與不及都是不好，剛剛好就可以了，也就是中庸之道。以黃師父的這套內功心法來講，在練轉圈時，起初因為不熟悉，所以這兩個圈要用意念去轉，等練熟功力漸增之後，要把過份的用意放掉，練到最後就是一種感覺而已，很淡的意念，似有若無，**有心而不用，**也就是視而不見，聽而不聞，**心無所思，進入「物我兩忘」的入靜狀態及虛無境界，**這種境界非常的難，所以我才說太極拳很難很深奧，且深不見底，其理在此。

　　一些練氣功的朋友，因為太過於強調用意，反而導致未蒙其利先受其害，而練壞了身體，慎之慎之。

　　在用意方面有些事項要注意，敘述如下：

　　① **不要用意去導氣：**以轉圈來說，因為練轉圈時，身體會有氣的反應，會打通人體的經脈，有些練功者求好心切，會用過強的意念去導引氣的運行，欲速則不達，這萬萬使不得，一些練壞身體的人，就是因為強迫用意念去導氣的結果，道法自然，一切順其自然，有氣也好、無氣也罷，恒心勤練，最後一定會

內功養生心法

水到渠成的。

②**不要刻意去意守丹田**：意守丹田是一些練氣的朋友耳熟能詳的話題，何謂丹田，丹田在何處，有的說在臍下三寸，有的說在臍下一寸三分，有的說丹田有三處下丹田、中丹田、上丹田，說法分岐，莫衷一是，那麼你如何守，守在那裡，其實丹田是聚氣的地方，只要知道所有的氣最後都會沉到丹田，就像倉庫存貨一樣，要用的時候再去取貨，而氣沉丹田，那是打太極拳鬆了身體之後，氣自然會沉丹田，千萬不要刻意去意守丹田。

師父的這套內功心法，強調其氣歸臍，就把很淡的意放在肚臍即可，注意，**凡意要似有若無**。要達到用意不用力的境界是相當困難的，以拳架來說，較易在打拳套時，處處注意全身放鬆，儘量不要出拙力，以腰為軸，腰動無所不動，但是用在推手方面，在沒有練成本身有氣可用、有勁可發的程度，對方一拳打來，你如何用意而不用力去應付，那當然是用拙力了。以黃師父的內功心法來說，要練到太極球體完成，才可以說用意不用力，但這也不是百分之百的用

意，只能這樣的說用百分之九十的意加上百分之十的力量。**因為百分之百的用意，那只有能發太極凌空勁的人才做得到的**，那不是一般人可以練到的，以上是我對用意不用力的一點淺見。

20. 問：練習轉圈有什麼要特別加強與注意的地方？

答：①**要順應大自然的定律**：古人練功有許多宜忌，善於因時因地因人而練功以收事半功倍之效。在農曆十五前後，月滿之際，氣血實、肌肉堅，練功較佳，我的經驗是農曆十五前後二三日氣感甚佳。若遇節氣之日，大自然的氣場也很強，所以要利用節氣之日抓緊時間勤練。

②**要在沒有人干擾的地方練**：凡做事最怕分心，分心必定事倍功半，尤其是太極拳講求空靈虛無，平常要心無雜念的去轉圈練功，古人摸黑練功是有其道理的。

21. 問：各派武術皆有談到步法，為何太極拳較

少談到步法？還有何謂貓步，如何走？

　　答： 太極拳所談的都是叫學習者放鬆，放鬆，再放鬆，它確實是太極拳的精髓，所以忽略了步法的重要。談到步法拳經裡有邁步如貓行（十三勢行功心解），何謂貓步，**簡單的說就是學貓的走路方式**，只要看過貓走路就可看出端倪，貓走路最大的特徵是腳步極輕靈，輕到無聲無息。太極拳裡一舉動，周身俱要輕靈，剛好與貓的走路模式極為相似，所以才形容神如捕鼠之貓。

　　走貓步，首先是全身放鬆，將重心完全落在腳底湧泉，虛實交代確實，前腳踏實之後才抬起後腳，還有要注意就是腳不要出力，一般打太極拳知道手不要出力，但是忽略了腳也不要出力，一般走貓步，會刻意用後腳往上撐，不必這樣，就像平時走路即可。

　　步法在古時候傳授時，是不教的，因為它屬於搏擊範疇用在攻擊方面，所以才有「教拳不教步，教步打師父」這句話，這是古時練武的一些禁忌怕所傳非人，回過頭來對付師父，那時有其時代背景，才會有此顧忌，但是現在不同了，功夫練得多好，也抵不上

一顆子彈，這是習武者的悲哀，功夫了得，也派不上用場，靠此謀生會過得很苦也很困難，這是我所認識的一些習武朋友的處境，所以我才會有這樣的感嘆，這是題外話。

　　中國武術的步法各個門派皆有不同，舉八卦掌為例，步法就很講究早上起步是先順時針方向右手在上走圓圈，然後變換手掌，左手在上反時針方向走，下午的起步轉圈方向與手掌的上下變化剛好與早上相反，因為提到步法順便將八卦掌的步法簡單的點出來。現在我們來談一談太極拳的步法，其實步法是拳架中的招式，以鄭子太極拳三十七式的第八式靠來說，這是由第七式提手坐實左足，右臂與右腿同時隨腰收回，隨即將右足提起向前跨步一步，坐實右足右肘稍稍向外成弓形，手心向內（見鄭子太極拳自修心法P50）這時氣由腳底湧泉往上至肩膀右端藉著靠這式，將對方彈出，在，掤，攦，擠，按，採，挒，肘，靠這八式，我覺得靠這式，威力最大，所以在對招中，除非不得已，不用這招來對敵。

　　以黃師父的這套老架太極拳的倒攆猴及穿掌二式

來說，倒攆猴請看前面拳架要領注意事項，不再贅述，我只談**穿掌這式的步法**，當腳由後抬起往前移動時，要往內轉圈，腳尖往內扣，而腳著地時（實腳），腳跟要有一種往後的感覺，重心平貼落湧泉，就像平常走路一樣，腰胯帶動全身而全身上下要相隨一致（見光碟片）。這兩招的步法，對於撐開尾閭，讓氣由會陰上尾閭經夾脊而至百會達到通三關的幫助很大，所以要多打這二式，還有打拳架時，膝蓋對湧泉穴，手心對湧泉穴可幫助將氣從湧泉拉上來，而膝蓋對湧泉可加強彈簧勁的力道，這些都是步法的要訣，沒有人點出來是不易察覺的。最後談到步法，每個人都看過模特兒在伸展台走路的步法，它跟穿掌的招式是雷同的，腰胯左右轉動，我建議拳友學習模特兒走路，將黃師父**轉圈的方式導入平常走路中**，這也是生活太極化的方式，**在日常生活中做到處處有太極**，人人都能成為太極高手是我所盼望的。

22. 問：為何轉圈兩腳要內扣，其理何在？

答：轉圈時，除了兩腳貼地與肩同寬外，腳要稍

微內扣其理如下：

轉圈時，氣從湧泉上來時，如果腳內扣，其氣較易聚集且氣較強，它會從兩腳湧泉穴成螺旋狀的上來，因為兩個不同方向的圈都是往兩腳內側轉，並且會從兩腳中間內側的地湧上來，如果兩腳呈外八氣會循著外八的腳尖而溜走，因為氣它是循著兩腳一個逆時針（右腳），一個順時針（左腳）上來的，所以要兩腳內扣其理在此。

23. 問：轉圈練功時，要選擇什麼時間練最好？

答：古人練功很講究時辰，認為在子時（23～01時），卯時（5時～7時），午時（11～13時），酉時（17～19時）這四個時辰效果最佳，氣最強，這是有其道理的。子時陰陽交替陰盡陽生之際，古人常在半夜子時的時候練功，而卯時它是12經循行至大腸經，因為它與肺為表裡經，而肺主氣，至於午時循行經絡至心經，它的血液循環最暢旺，所以亦是練功的好時間。不過依我本身的經驗，在酉時我的氣感最強，或許是因12經絡循行至腎經所致吧！因腎為人體先天

之氣的樞紐，腎的氣動特別強，在這個時辰（17～19時）我會放下工作，專心的轉圈練功，當然，每個人作息時間不同，我只是提出來供讀者參考，決定何時辰練功，由讀者自己決定，方便即可。

有油燈的靜物

附　註

打　手　歌

掤攦擠按須認真。上下相隨人難進。
任他巨力來打吾。牽動四兩撥千斤。
引進落空合即出。黏連貼隨不丟頂。

十三勢歌

十三總勢莫輕視，命意源頭在腰際。

變轉虛實須留意，氣遍身軀不少滯。

靜中觸動動猶靜，應敵變化示神奇。

勢勢存心揆用意，得來全不費功夫。

刻刻留心在腰間，腹內鬆淨氣騰然。

尾閭中正神貫頂，滿身輕利頂頭懸。

仔細留心向推求，屈伸開合聽自由。

入門引路須口授，功夫無息法自修。

若問體用何為準，意氣君來骨肉臣。

詳推用意終何在，益壽延年不老春。

歌兮歌兮百四十，字字真切義無遺。

若不向此推求去，枉費功夫貽歎息。

十三勢行功心解

　　以心行氣，務令沉著，乃能收斂入骨；以氣運身，務令順遂，乃能便利從心。精神能提得起，則無遲重之虞，所謂頂頭懸也。意氣須換得靈，乃有圓活之趣，所謂轉變虛實也。發勁須沉著鬆淨，專注一方。立身須中正安適，支撐八面；行氣如九曲珠，無往不利（氣遍周身之謂）。運勁如百煉鋼，無堅不摧。形如搏兔之鶻，神如捕鼠之貓。靜如山岳，動如江河。蓄勁如張弓，發勁如放箭，曲中求直，蓄而後發。力由脊發，步隨身換。收即是放，斷而復連。往復須有摺疊，進退須有轉換。極柔軟，然後極剛強。能呼吸，然後能靈活。氣以直養而無害，勁以曲蓄而有餘。心為令，氣為旗，腰為纛。先求開展，後求緊湊，乃可臻於慎密矣。又曰：彼不動，己不動；彼微動，己先動。勁似鬆非鬆，將展未展。勁斷意不斷。又曰：先在心，後在身。腹鬆氣沉入骨。神舒體靜，

刻刻在心。切記一動無有不動；一靜無有不靜。牽動
往來氣貼背，而斂入骨。內固精神，外示安逸。邁步
如貓行，運勁如抽絲。全身意在精神，不在氣，在氣
則滯。有氣則無力，無氣則純剛。氣若車輪。腰如車
軸。

明王宗岳　太極拳論

　　太極者無極而生，陰陽之母也。動之則分，靜之則合，無過不及，隨曲就伸。人剛我柔謂之走，我順人背謂之黏，動急則急應，動緩則緩隨。雖變化萬端，而理為一貫。由著熟而漸悟懂勁，由懂勁而階及神明，然非功夫之久，不能豁然貫通焉。虛靈頂勁，氣沉丹田。不偏不倚，忽隱忽現。左重則左虛，右重則右杳。仰之則彌高，俯之則彌深。進之則愈長，退之則愈促。一羽不能加，蠅蟲不能落。人不知我，我獨知人。英雄所向無敵，概皆由此而及。斯技旁門甚多，雖勢有區別，概不外乎壯欺弱，慢讓快耳，有力打無力，手慢讓手快，是皆先天自然之能，非關學力而有為也。察四兩撥千斤之句，顯非力勝，觀耄耋能禦眾之形，快何能為。立如平準，活似車輪，偏沉則隨，**雙重則滯**，每見數年純功，不能運化者，率自為人制，雙重之病未悟耳。欲避此病，須知陰陽相濟，方為懂勁，懂勁後，愈練愈精，默識揣摩，漸至從心

所欲。本是捨己從人,多誤捨近求遠,所謂差之毫
釐,謬以千里,學者不可不強辨焉。是為論。

張三豐遺作　太極拳論

　　一舉動周身俱要輕靈,尤須貫串,氣宜鼓盪,神
宜內斂,無使有缺陷處,無使有凹凸處,無使有斷續
處,其根在腳,發於腿。主宰於腰,行於手指,由腳
而腿而腰,總須完整一氣。向前退後,乃能得機得
勢。有不得機得勢處,身便散亂。其病必於腰腿求
之,上下前後左右皆然。凡此皆是意,不在外面,有
上即有下,有前則有後,有左則有右。如意要向上,
即寓下意,若將物掀起而加以挫之之力。斯其根自
斷,乃攘之速而無疑。虛實宜分清楚,一處有一處虛
實,處處總此一虛實,周身節節貫串,無令絲毫間
斷耳。長拳者,如長江大海,滔滔不絕也。掤、攦、
擠、按、採、挒、肘、靠,此八卦也。進步、退步、
左顧、右盼、中定,此五行也。掤、攦、擠、按,即
乾、坤、坎、離,四正方也。採、挒、肘、靠,即

巽、震、兌、艮，四斜角也。進退盼顧定，即金木水火土也，合之則為十三勢也。（原註云：此係武當山張三豐祖師遺論。欲天下豪傑延年益壽，不徒作技藝之末也。）

 附　錄

　　茲摘錄清朝吳謙等所編《刺灸心法要訣》之十二經絡圖、任督脈等圖。

手太陰肺經

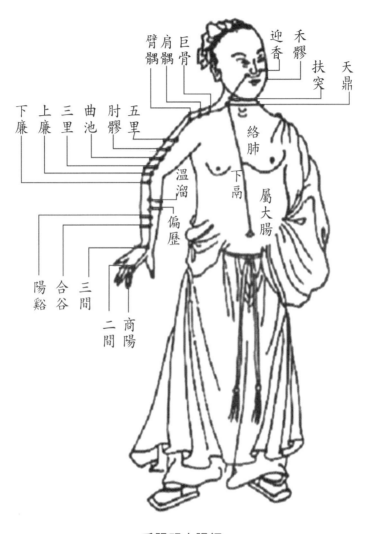

手陽明大腸經

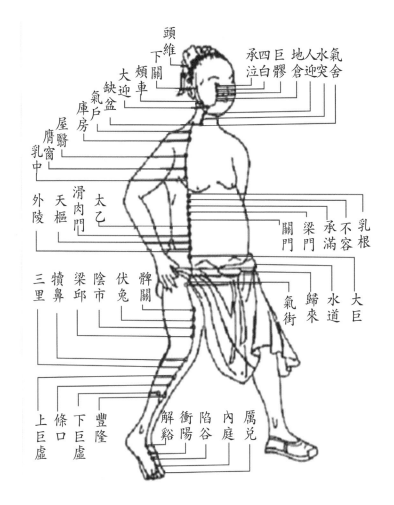

足陽明胃經

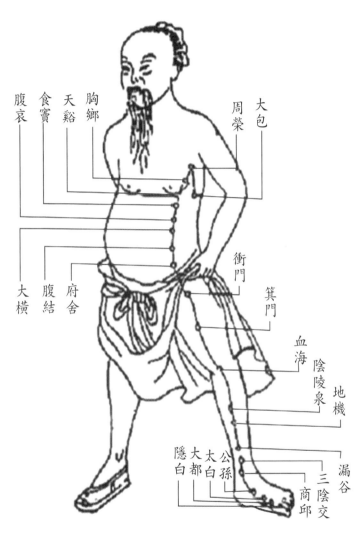

足太陰脾經

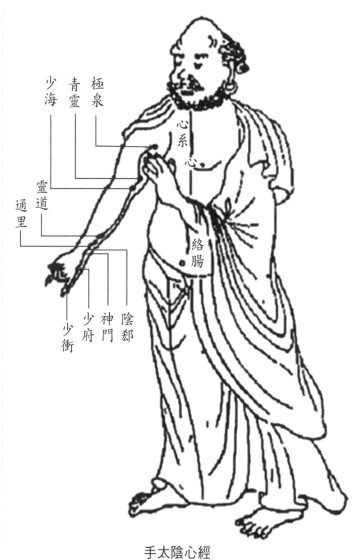

手太陰心經

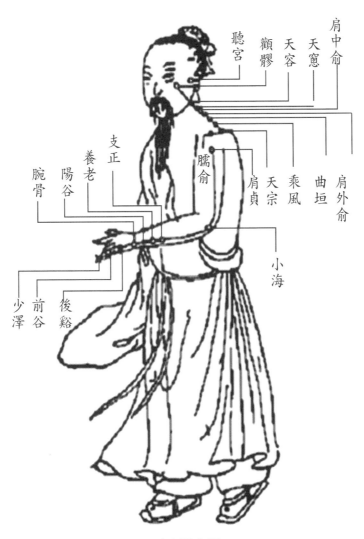

肩中俞
天窻
天容
顴髎
聽宮

曲垣
乘風
天宗
肩貞
肩外俞

臑俞

小海

支正
養老
陽谷
腕骨

少澤
前谷
後谿

手太陽小腸

太極拳
內功養生心法

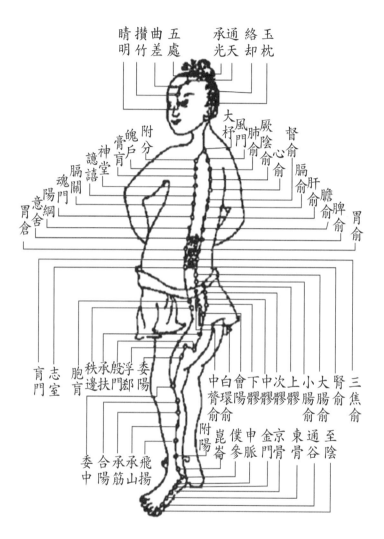

足太陽膀胱經

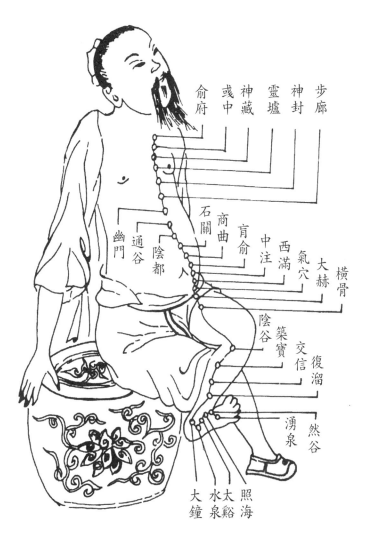

足少陰腎經

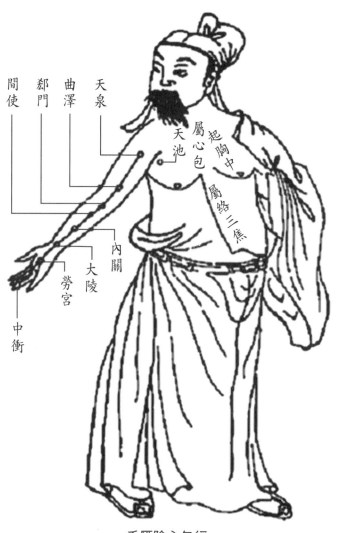

手厥陰心包經

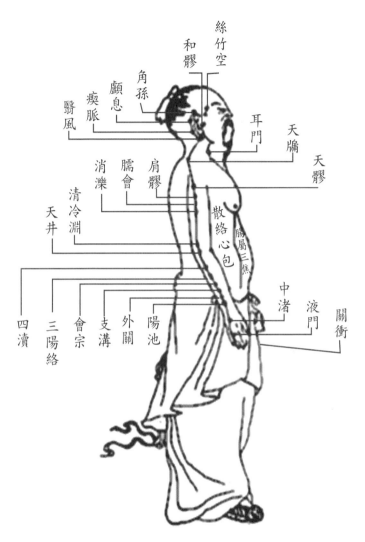

手少陽三焦經

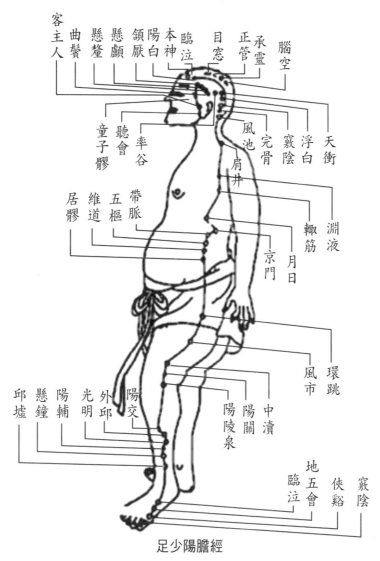

足少陽膽經

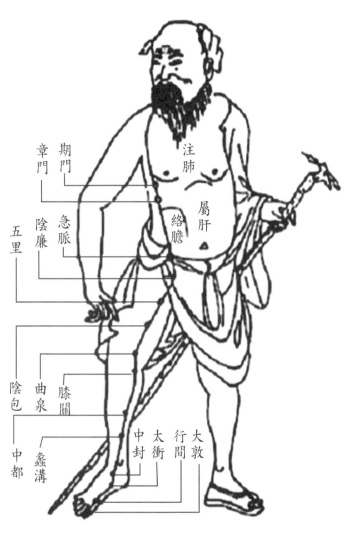

足厥陰肝經

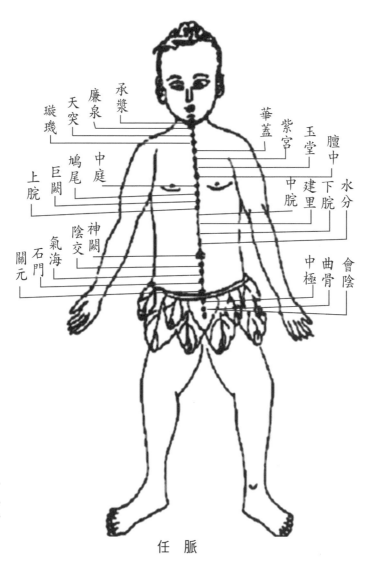

任　脈

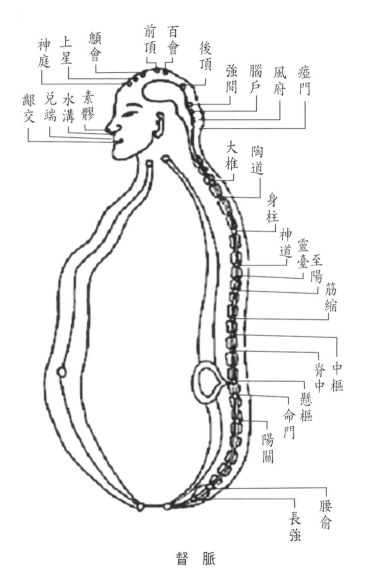

督 脈

太極拳
內功養生心法

帶脈
五樞
維道

帶　脈

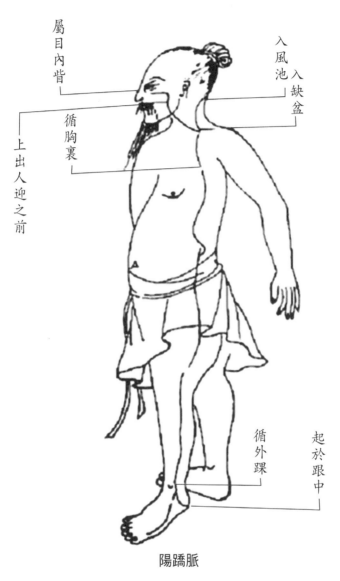

屬目內眥

入風池

入缺盆

循胸裏

上出人迎之前

循外踝

起於跟中

陽蹻脈

太極拳
內功養生心法

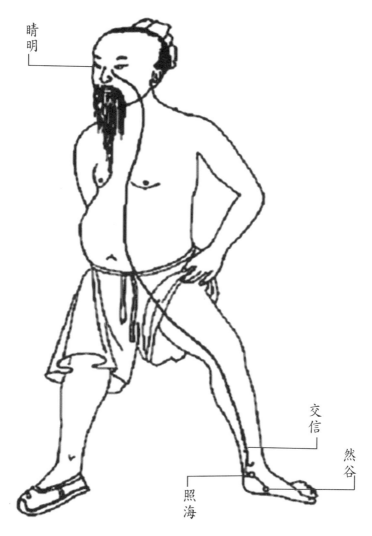

晴明

交信

然谷

照海

陰蹺脈

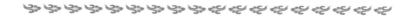

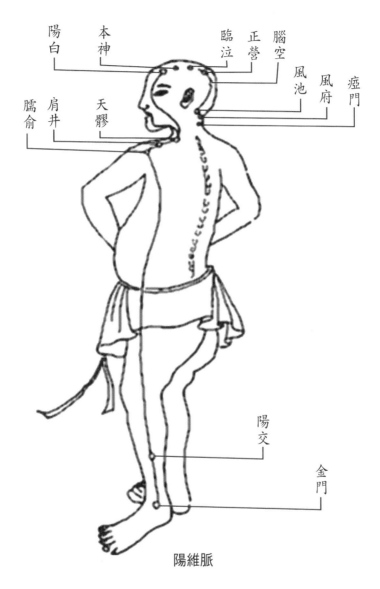

陽維脈

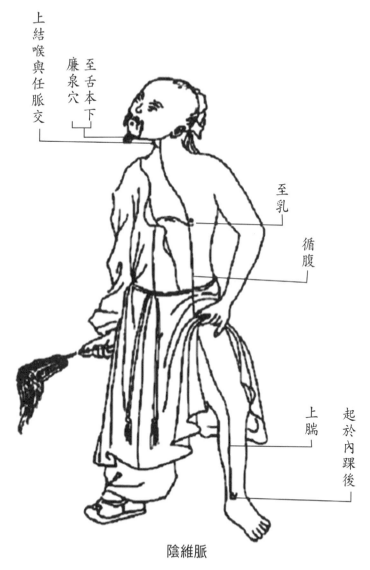

上結喉與任脈交

至舌本下
廉泉穴

至乳

循腹

上腨

起於內踝後

陰維脈

後　記

　　此書的完成，要感謝李永隆師兄及郭金生先生合
拍光碟，羅文富師兄、呂蓮發師兄、陳振萬先生的鼎
力相助，阮漩小姐提供卓見取鏡，女兒子慧、子瑩的
打字校稿，和愛妻敏英的勤勞持家，讓我能心無旁鶩
的專心寫作，最後由黃鳳龍先生打字排版插圖，沒有
他們的幫忙，此書無法完成，再此一併致謝。

參考書籍

1. 鄭曼青・鄭子太極拳自修心法——時中拳社出版。

2. 蔡肇祺・我所認識的太極拳——中華民國意識科學研究會。

3. 祝大彤、薛秀英・太極內功解秘——大展出版社有限公司。

4. 鍾文淵・縱橫太極——逸文出版社。

5. 吳國定・內經解剖生理學——國立中國醫藥研究所出版。

6. 拳經・拳論——古籍。

7. 醫方集解——古籍。

養生保健 古今養生保健法 強身健體增加身體免疫力

醫療養生功 / 中國氣功圖譜 / 少林醫療氣功精粹 / 龜形實用氣功 / 魚戲增視強身氣功 / 道家玄牝氣功 / 仙家祕傳祛病功

少林十大健身功 / 中國自控氣功 / 醫療防癌氣功 / 醫療強身氣功 / 醫療點穴氣功 / 中國八卦如意功 / 正宗馬禮堂養氣功

道家筋經內丹功 / 三元開慧功 / 防癌治癌新氣功 / 禪定與佛家氣功修煉 / 顛倒之術 / 簡明氣功辭典 / 八卦三合功

朱砂掌健身養生功 / 抗老功 / 原經按穴排濁自療法 / 健身祛病小功法 / 張氏太極混元功 / 中國少林禪密功 / 郭林新氣功

太極 / 現代原始氣功 / 開脈太極 / 蓮壽功 / 太極內功養生法 / 無極養生氣功 / 小周天健康法

易筋經 / 洗髓經 / 精功易筋經 / 武當鬥元中心活氣功 / 手杖健身法 / 養生導引術 / 養生長壽功

太極拳內功養生心法 / 意拳 / 靜坐要訣 / 啟動自癒力 / 洗髓經健身術 / 按摩穴拍打功 / 道家太極棒尺內功

太極武術教學光碟

太極功夫扇
五十二式太極扇
演示：李德印 等
(2VCD)中國

夕陽美太極功夫扇
五十六式太極扇
演示：李德印 等
(2VCD)中國

陳氏太極拳及其技擊法
演示：馬虹(10VCD)中國
陳氏太極拳勁道釋秘
拆拳講勁
演示：馬虹(8DVD)中國
推手技巧及功力訓練
演示：馬虹(4VCD)中國

陳氏太極拳新架一路
演示：陳正雷(1DVD)中國
陳氏太極拳新架二路
演示：陳正雷(1DVD)中國
陳氏太極拳老架一路
演示：陳正雷(1DVD)中國
陳氏太極拳老架二路
演示：陳正雷(1DVD)中國
陳氏太極推手
演示：陳正雷(1DVD)中國
陳氏太極單刀‧雙刀
演示：陳正雷(1DVD)中國

郭林新氣功
(8DVD)中國

本公司還有其他武術光碟
歡迎來電詢問或至網站查詢
電話：02-28236031
網址：www.dah-jaan.com.tw

原版教學光碟

歡迎至本公司購買書籍

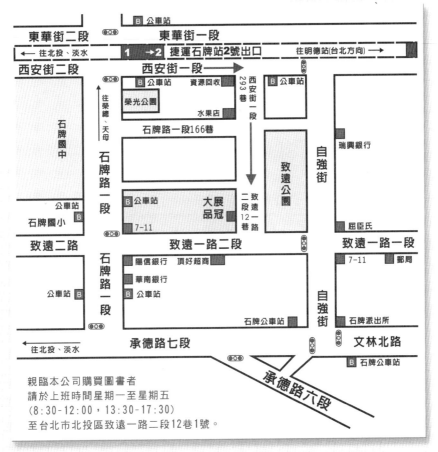

親臨本公司購買圖書者
請於上班時間星期一至星期五
(8：30-12：00，13：30-17：30)
至台北市北投區致遠一路二段12巷1號。

建議路線
1.搭乘捷運
　　淡水信義線石牌站下車，由月台上二號出口出站，二號出口出站後靠右邊，沿著捷運高架往台北方向走(往明德站方向)，其街名為西安街，約80公尺後至西安街一段293巷進入(巷口有一公車站牌，站名為自強街口，勿超過紅綠燈)，再步行約200公尺可達本公司，本公司面對致遠公園。

2.自行開車或騎車
　　由承德路接石牌路，看到陽信銀行右轉，此條即為致遠一路二段，在遇到自強街(紅綠燈)前的巷子左轉，即可看到本公司招牌。

國家圖書館出版品預行編目資料

太極拳內功養生心法／莊金聰　著

－初版－臺北市，大展，2012[民101.04]
面；21公分－（養生保健；47）
ISBN 978-957-468-868-5（平裝；附影音光碟）
1. 太極拳
528.972　　　　　　　　　　　　101001872

太極拳內功養生心法　附DVD

著　　者／莊　金　聰

發 行 人／蔡　森　明

出 版 者／大展出版社有限公司

社　　址／台北市北投區（石牌）致遠一路2段12巷1號

電　　話／(02) 28236031‧28236033‧28233123

傳　　真／(02) 28272069

郵政劃撥／01669551

網　　址／www.dah-jaan.com.tw

E-mail／service@dah-jaan.com.tw

登 記 證／局版臺業字第2171號

承 印 者／傳興印刷有限公司

裝　　訂／建鑫裝訂有限公司

排 版 者／千兵企業有限公司

初版1刷／2012年（民101年）4月

初版2刷／2019年（民108年）2月

定　價／280元

大展好書　好書大展
品嘗好書　冠群可期